예수님의 동역자

| 인도자용 |

필로는 사랑 주는 책, 사랑받는 책을 만듭니다.

인도자용

예수님의 동역자

초판 1쇄 인쇄 2023년 8월 15일
초판 1쇄 발행 2023년 8월 20일

지은이 배창돈
펴낸이 고경원
펴낸곳 필 로   **디자인** 필로디자인

등 록 제2013-000233호(2013년 12월 6일)
주 소 서울시 양천구 목동동로 437, 1103
전 화 (02)3489-4300   **팩스** (02)3489-4329
E-mail suvackoh@naver.com

Printed in Korea.
ISBN 979-11-88480-10-4 03230

※ 책값은 뒤표지에 있습니다. 잘못된 책은 구입하신 곳에서 교환해 드립니다.

평신도를 동역자로 세우는 사역훈련 교재

예수님의 동역자
| 인도자용 |

배창돈 지음

PHILO

들어가는 글

평신도를 사역자로 세우는
예수님의 동역자 훈련 교재 가이드

이 책은 제자훈련을 받은 이후 사역의 현장에서 예수님의 동역자로 쓰임 받기 위해 필요한 내용으로 구성되어 있다. 예수님의 제자는 맡겨 주신 사역을 잘 감당하는 예수님의 동역자로서 성경이 가르치는 올바른 자세와 가치관이 우선되어야 한다. 제자훈련을 받고 지속적으로 예수님의 동역자로 쓰임을 받으려면 먼저 하나님 앞에서 자기 관리를 잘하는 것이 중요하다. 기본에 충실하면서 끊임없이 자기 발전을 위해서 노력해야 하는 것이다.

하나님께서 기뻐하시는 동역자로 쓰임받기 위해서는 자기 관리와 함께 사역현장에서 부딪히는 문제를 지혜롭게 극복해나가야 한다. 그러므로 이에 도움이 될 수 있는 믿음의 사람들의 리더십과 동역자로서의 자세, 소그룹 인도법 등에 대해 알아 둘 필요가 있다.

이 교재는 제자훈련과 동일한 방법으로 운영해도 큰 무리가 없다. 16과까지는 제자훈련을 마치고 사역에 참여할 사람에게 필요한 내용으로 구성되어 있고, 17~20과까지는 소그룹 인도자인 순장이 소그룹 인도를 위해 필요한 구체적인 내용들이 들어있다.

이 교재를 통해서 좋은 예수님의 동역자들이 많이 세워져서 교회마다 평신도와 동역하는 교회, 세상에서 영향력 있는 건강한 교회를 세우는 데 도움이 되기를 바란다.

배창돈 목사

"하나님의 나라를 전파하며 주 예수 그리스도에 관한 모든 것을 담대하게 거침없이 가르치더라"_행 28:31

동역자 훈련 교재의 운영

1 전체 운영 시간

- 훈련 시간은 2시간에서 2시간 30분 정도가 좋으나, 성령의 인도하심에 따라 약간의 차이가 있을 수 있다.

- 인도자가 자기감정에 따라 시간 차이가 많이 나지 않도록 주의해야 한다.

- 과제점검은 30~40분 정도, 본문에 대한 공부는 1시간 30분 정도가 좋다.

- 마음의 문 열기
  한 주간 동안 누린 은혜나 간단한 안부 등을 나누면서 마음을 열도록 한다.

- 찬양
  각 과의 주제와 연관된 찬송이나 찬양을 한다.(1-2곡 정도)

- 시작 기도
  합심해서 기도하되 기도 제목은 인도자가 주제에 맞게 제시한다. 교회의 기도제목, 교역자를 위해서 기도하고 성령의 인도하심을 받도록 기도한다.

2 과제점검

❶ 성구 암송
매주 두 구절을 암송하고, 6주 단위로 전체를 묶어서 암송을 복습함으로 말씀이 자신의 것이 되도록 한다.

❷ 큐티 나눔

큐티집을 가지고 매일 큐티를 하도록 한다(날마다 솟는 샘물, 매일성경 등을 사용). 과제로 따로나가는 큐티를 훈련시간에 나눈다.

❸ 독서과제 발표

각 과의 주제에 맞는 책을 선정하여 독서과제를 낸다. 독후감은 내용 요약 보다는 자신에게 적용해서 느끼고 결단한 것을 구체적으로 쓰도록 한다. 독서과제는 매주 내주지 않아도 된다. 훈련생들의 상태나 인도자가 판단해서 정한다.

❹ 생활과제 나눔

주제와 관련하여 삶의 변화를 이끌어내기 위한 과제이므로, 작은 변화와 순종에 대해서도 격려하고 칭찬해주어야 한다.

❺ 성경읽기 점검

매일 3-5장씩 읽도록 한다.

❻ 기타 과제 점검

- 기타 과제는 점검표를 통해서 한다.
- 기타 과제 중 새벽기도는 점차 횟수를 늘려 새벽형 사람이 되도록 한다.
- 훈련생들이 전도의 끈을 놓지 않도록 전도대상자들을 위해 기도하고 전도에 대한 도전과 권면도 지속적으로 해야 한다.
- 과제 점검 시간이 너무 오래 걸리지 않도록 시간 배분을 잘 해야 한다.
- 과제 점검 시간을 적절하게 운영하기 위해 큐티나 독후감 발표는 몇 명만 시키고, 나머지는 제출하도록 해서 인도자가 읽고 평가하고 격려해 준다.

- **본문**

  본문을 통한 성경 공부는 1시간 30분 정도 진행하는 것이 좋다. 인도자가 상황에 맞게 시간을 운영하는 지혜가 필요하다.

- **느낀 점과 결단**

  인도자가 교재의 내용을 간단히 요약해서 정리해주고, 훈련생들이 말씀을 배우면서 느낀 점과 결단한 것을 함께 나눈다. 주신 말씀에 대한 정리와 각오를 새롭게 하는 시간이 되도록 한다.

- **마무리 기도**

  받은 은혜에 감사의 기도를 드리고, 돌이켜야 할 내용에 대해서 회개의 기도를 드린다. 새롭게 깨닫고 결단한 것을 삶에 적용하므로 인격과 삶이 예수님을 닮아가도록 성령의 도우심을 구하는 기도를 드린다. 합심해서 기도해도 좋고, 모든 훈련생이 돌아가면서 1분 정도씩 기도해도 좋다. 마무리 기도는 훈련생 중에 지명하거나 인도자가 한다.

- **과제물**

  기본적으로 나가는 과제물 외에 생활과제나, 상황에 따라 훈련생에게 맞는 특별과제를 내줄 수도 있다.

3 제자훈련 장소

- 제자훈련 장소는 각 교회의 상황에 따라 훈련생의 가정을 돌아가면서 하거나 교회에서 할 수 있다.

4 인도자의 점검

● **인도자는 몇 가지 문제를 점검해야 한다.**

- 본문에 대해 미리 준비를 잘했는가? (훈련을 위한 기도 및 본문에 대한 충분한 숙지)
- 훈련생 개개인을 위해서 세밀하게 미리 기도했는가?
- 성령의 인도하심에 민감한가?

차례

들어가는 글
동역자 훈련 교재의 운영

1단원 예수님의 동역자의 영적 관리

- 1과　제자훈련 이후의 자기 관리　15
- 2과　평신도는 누구인가?　23
- 3과　하나님을 경외하는 동역자　32
- 4과　하나님과 동행하는 동역자　40
- 5과　기도로 동역하는 동역자　47

2단원 예수님의 동역자가 갖추어야 할 사역의 자세

- 6과　사역과 섬김　57
- 7과　사역과 질서　64
- 8과　사역과 술　71
- 9과　격려와 권면　79
- 10과　아버지의 마음　86
- 11과　사역과 믿음　93
- 12과　사역과 상급　100

| 인도자용 |

3단원 예수님의 동역자로서 갖추어야 할 리더십

<u>13과</u> 예수님께 배우는 리더십 109

<u>14과</u> 여호수아에게 배우는 리더십 115

<u>15과</u> 다윗에게 배우는 리더십 122

<u>16과</u> 바울에게 배우는 리더십 129

4단원 예수님의 동역자로서의 소그룹 인도

<u>17과</u> 소그룹 인도자의 바른 자세 138

<u>18과</u> 소그룹 성경공부의 유익 146

<u>19과</u> 소그룹 인도법(1) 153

<u>20과</u> 소그룹 인도법(2) 160

평신도를 사역자로 세우는 예수님의 동역자 훈련 교재 가이드

1단원

예수님의 동역자의 영적 관리

1과 제자훈련 이후의 자기 관리
2과 평신도는 누구인가?
3과 하나님을 경외하는 동역자
4과 하나님과 동행하는 동역자
5과 기도로 동역하는 동역자

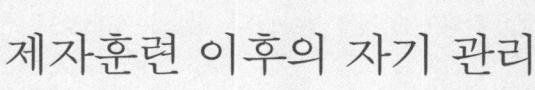

제자훈련 이후의 자기 관리

서론

운동선수들이 운동을 그만 둔 후에 자기관리를 하지 않으면 근육은 사라지고 배가 나오게 되고 여러가지 병으로 고통을 당하는 것을 본다. 이처럼 영적인 관리도 소홀히 하면 쉽게 무너지고 만다. 제자훈련 이후에 유념해야 할 것은 자기관리를 게을리 하지 않는 것이다. 영적인 자기관리를 잘해야 예수님의 동역자로서 지속적으로 쓰임 받아 많은 열매를 맺을 수 있기 때문이다.

적용할 말씀

1 호세아 10장 12절이 주는 교훈을 살펴보자.

『너희가 자기를 위하여 공의를 심고 인애를 거두라 너희 묵은 땅을 기경하라 지금이 곧 여호와를 찾을 때니 마침내 여호와께서 오사 공의를 비처럼 너희에게 내리시리라』

1 내용을 쉽게 표현하라.

『공의의 씨를 심고, 사랑의 열매를 거두어라. 지금은 나 여호와를 찾을 때니 묵은 땅을 갈아엎으라. 그러면 너희에게 공의를 비처럼 내려주겠다.』

2 묵은 땅은 무엇을 의미하는가?

* 호세아 당시 이스라엘 백성들의 심령 상태를 나타낸다고 할 수 있다.
* 신앙생활이 습관적이고 형식화된 것에 대한 경고이다.

3 각자의 신앙생활에서 습관적이고 형식적인 모습은 없는가? 있다면 어떻게 해야 할까? (시 51:10)

『하나님이여 내 속에 정한 마음을 창조하시고 내 안에 정직한 영을 새롭게 하소서』

* 다윗은 깨끗한 마음을 만들어 주시고 마음을 새롭게 해 달라고 간절히 구했다.
* 우리도 간절한 마음으로 기도하며 구해야 한다.
* 묵은 땅과 같은 심령이 되지 않도록 하기 위해 말씀 묵상을 통해 자신의 신앙생활 전반(예배, 기도, 전도, 인간관계 등)에 대해 항상 점검해야 할 것이다.

〉〉 묵은 땅과 같은 상태에서 벗어난 경험이 있다면 말해 보라.

2 다니엘서 6장의 내용을 관찰한 후에 다니엘의 기도생활에 대해 살펴보자.

1 다니엘은 어떤 상황에서 기도했나? (단 6:10)

『다니엘이 이 조서에 왕의 도장이 찍힌 것을 알고도 자기 집에 돌아가서는 윗방에 올라가 예루살렘으로 향한 창문을 열고 전에 하던 대로 하루 세 번씩 무릎을 꿇고 기도하며 그의 하나님께 감사하였더라』

* 다니엘은 사자굴에 들어갈 각오를 할 만큼 기도생활을 중요하게 여겼다.
* 은밀하게 기도할 수도 있었지만, 평소에 하던 대로 창문을 열고 기도했다.
* 하루 세 번 기도했다. 규칙적으로 기도의 시간을 지킨 것이다.

2 다니엘의 확신에 찬 기도는 어떤 결과를 가져왔는가? (단 6:26-27)

『[26]내가 이제 조서를 내리노라 내 나라 관할 아래에 있는 사람들은 다 다니엘의 하나님 앞에서 떨며 두려워할지니 그는 살아 계시는 하나님이시요 영원히 변하지 않으실 이시며 그의 나라는 멸망하지 아니할 것이요 그의 권세는 무궁할 것이며 [27]그는 구원도 하시며 건져내기도 하시며 하늘에서든지 땅에서든지 이적과 기사를 행하시는 이로서 다니엘을 구원하여 사자의 입에서 벗어나게 하셨음이라 하였더라』

* 메데 왕 다리오가 조서를 내려 다니엘의 하나님을 두렵고 떨림으로 섬기라고 명령하고 있다.
* 하나님께서 하늘과 땅에서 놀라운 기적을 일으키시는 분임을 모든 백성에게 알렸다.
* 다니엘의 기도가 하나님께 영광을 돌려드리는 결과를 가져왔다.
* 다니엘의 생명을 건 기도는 다리오 왕이 모든 백성에게 하나님을 알려서 전도하는 결과를 가져왔다.

〉〉 다니엘의 기도가 이런 결과를 가져온 것을 보면서 느낀 점을 말해보라.

3 사무엘상 12장 23절을 보며 느낀 점을 말해 보라.

『나는 너희를 위하여 기도하기를 쉬는 죄를 여호와 앞에 결단코 범하지 아니하고 선하고 의로운 길을 너희에게 가르칠 것인즉』

* 기도가 얼마나 중요한가를 강조하고 있는 말씀이다.
* 기도는 성도가 쉬어서는 안 되는 특권이며 축복이다. (살전 5:17)

〉〉 기도 없이 사역을 하면 어떤 결과가 올까? 경험을 통해 깨달은 교훈이 있으면 말해보라.

> 우리에게 기도가 있는 한 두려워 할 위험은 아무 것도 없다. - 찰스 스펄전

3 말씀 묵상을 즐거워하는 사람에게 어떤 유익이 있는지 시편 1편 1-3절을 통해 살펴보자.

『[1]복 있는 사람은 악인들의 꾀를 따르지 아니하며 죄인들의 길에 서지 아니하며 오만한 자들의 자리에 앉지 아니하고 [2]오직 여호와의 율법을 즐거워하여 그의 율법을 주야로 묵상하는도다 [3]그는 시냇가에 심은 나무가 철을 따라 열매를 맺으며 그 잎사귀가 마르지 아니함 같으니 그가 하는 모든 일이 다 형통하리로다』

1 1절 말씀에 나타난 복 있는 사람의 특징을 말해 보라.

『복 있는 사람은 악인들의 꾀를 따르지 아니하며 죄인들의 길에 서지 아니하며 오만한 자들의 자리에 앉지 아니하고』

* 악인들의 유혹에 넘어가지 않는다.
* 죄인들이 가는 길로 가지 않는다.
* 오만한 자들과 함께 하지 않는다.

2 2절 말씀을 통해 깨달은 것과 결단한 것이 있으면 말하라.

* 말씀 묵상이 얼마나 중요한가를 알 수 있다.
* 특히 제자훈련 이후 사역자들에게 말씀 묵상은 매우 중요하다.

〉〉 **각자 말씀 묵상의 생활에 대해 앞으로의 결단을 말해 보자.**

> 사람의 마음은 5분만 방치하면 마귀 만드는 공장이 된다.   - 찰스 스펄전

3 3절 말씀을 통해 무엇을 깨달을 수 있는가?

『그는 시냇가에 심은 나무가 철을 따라 열매를 맺으며 그 잎사귀가 마르지 아니함 같으니 그가 하는 모든 일이 다 형통하리로다』

* 열매 맺는 삶을 살 수 있다.
* 언제나 하나님의 보살핌 속에 형통할 것이라고 약속하고 있다.

4 로마서 9장 1-3절이 주는 교훈을 살펴보자.

『[1]내가 그리스도 안에서 참말을 하고 거짓말을 아니하노라 나에게 큰 근심이 있는 것과 마음에 그치지 않는 고통이 있는 것을 내 양심이 성령 안에서 나와 더불어 증언하노니 [2](1절에 포함) [3]나의 형제 곧 골육의 친척을 위하여 내 자신이 저주를 받아 그리스도에게서 끊어질지라도 원하는 바로라』

1 내용을 쉽게 요약해 보라.

『성령 안에서 내 양심이 증언하고 있다. 내 속에는 슬픔이 있고, 고통이 밀려온다. 내 동족을 위해서라면 나는 그리스도로부터 저주를 받아 끊어져도 좋다.』

2 사도 바울은 자기 민족을 향해서 어떤 마음을 가지고 있는가?

* 자기 민족에 대해서 지극한 사랑을 표현하고 있다.
* 주님과 자신과의 끊을 수 없는 관계를 끊어서라도 이스라엘 민족이 돌아오기를 간절히 원하고 있다.

3 우리의 영혼 사랑하는 마음과 바울의 영혼 사랑은 어떤 차이가 있는가?

* 바울은 자기 민족을 품고 사랑했다.
* 바울의 영혼 사랑은 전도의 열정으로 나타났다.

〉〉 **바울의 영혼 사랑의 마음을 보면서 깨달은 것은 무엇인가?**

5 사도행전 20장 24절을 통해서 느낀 점을 말해 보라.

『내가 달려갈 길과 주 예수께 받은 사명 곧 하나님의 은혜의 복음을 증언하는 일을 마치려 함에는 나의 생명조차 조금도 귀한 것으로 여기지 아니하노라』

* 바울은 복음 증거를 자기 생명보다 더 귀하게 여기며 사역했다.
* 복음 증거가 얼마나 중요한 지 알려주는 고백이다.

〉〉 당신은 복음 증거를 얼마나 중요하게 생각하고 있는가?

* 자신의 일보다 하찮게 여기지는 않는지 자신을 돌아보자.

6 복음 전도자 바울이 어떤 삶을 살았는지 고린도후서 6장 10절을 통해서 살펴보자.

『근심하는 자 같으나 항상 기뻐하고 가난한 자 같으나 많은 사람을 부요하게 하고 아무 것도 없는 자 같으나 모든 것을 가진 자로다』

* 바울은 핍박 가운데서도 근심하지 않고 오히려 기뻐하며 즐겁게 복음 증거 사역을 했다.
* 다른 사람을 부요하게 하는 사람으로 당당하게 살았다.

〉〉 복음 증거가 주는 유익에 대해서 각자 경험한 것을 말해 보라.

* 복음 증거에 모든 힘을 쏟았던 바울은 언제나 기쁨으로 사역했다.
* 성령께서 지치지 않는 힘을 주셨다.

7 사역을 하며 끝까지 유지해야 할 자세를 고린도전서 15장 10절을 통해서 말해보라.

『그러나 내가 나 된 것은 하나님의 은혜로 된 것이니 내게 주신 그의 은혜가 헛되지 아니하여 내가 모든 사도보다 더 많이 수고하였으나 내가 한 것이 아니요 오직 나와 함께 하신 하나님의 은혜로라』

* 사도 바울은 누구보다 수고했지만 사역의 공을 자신에게 돌리지 않고 오직 하나님의 은혜였음을 고백 했다.
* 하나님의 은혜가 있어야 사역을 할 수 있다는 겸손한 자세를 가져야 한다. 겸손한 자세로 성령의 능력을 매순간 의지할 때, 끝까지 사역할 수 있고 많은 열매를 얻게 된다.

8 오늘 말씀을 통해서 느끼고 결단한 것을 말하고 합심해서 기도하자.

◆ **성구암송**   시편 1편 1–2절
◆ **큐　　티**   베드로후서 1장 3–11절
◆ **독서과제**   습관적 신앙에서 벗어나라 (A·W· 토저, 생명의 말씀사)
◆ **생활과제**
◆ **성경읽기**

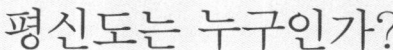

2과
평신도는 누구인가?

서론

평신도는 주님으로부터 선택받은 자, 성도이다. 평신도라는 뜻을 가진 헬라어 '라이코스'는 성경에서 자주 사용되는 '라오스'라는 말과 그 의미가 같다. 초대 교회의 주체는 평신도들이었다. 스데반을 비롯해서 겐그레아 교회의 일군 뵈뵈, 브리스가와 아굴라 등은 평신도들이었고, 그들은 사역에 대해 적극적이었다. 이처럼 건강한 평신도들을 통해서 교회가 부흥하고 복음이 확장되어 갔다. 이 시간 평신도로서 자신의 모습을 재발견하는 시간이 되도록 하자.

적용할 말씀

1 초대 교회 평신도들의 사역에 대해 살펴보자.

① 스데반 (사도행전 6장 8절)

『스데반이 은혜와 권능이 충만하여 큰 기사와 표적을 민간에 행하니』

* 스데반은 초대교회 일곱 집사 중 하나로 복음을 전하다가 최초로 순교한 집사이다.(행 7:58-60)

『[58]성 밖으로 내치고 돌로 칠새 증인들이 옷을 벗어 사울이라 하는 청년의 발 앞에 두니라 [59]그들이 돌로 스데반을 치니 스데반이 부르짖어 이르되 주 예수여 내 영혼을 받으시옵소서 하고 [60]무릎을 꿇고 크게 불러 이르되 주여 이 죄를 그들에게 돌리지 마옵소서 이 말을 하고 자니라』

* 스데반의 순교는 바울이라는 사도가 태어나게 되는 기폭제가 되었다고 할 수 있다.

② 뵈뵈 (로마서 16장 1-2절)

『[1]내가 겐그레아 교회의 일꾼으로 있는 우리 자매 뵈뵈를 너희에게 추천하노니 [2]너희는 주 안에서 성도들의 합당한 예절로 그를 영접하고 무엇이든지 그에게 소용되는 바를 도와 줄지니 이는 그가 여러 사람과 나의 보호자가 되었음이라』

* 뵈뵈는 고린도의 동남쪽에 위치한 항구인 겐그레아 교회의 여집사였다.
* 바울의 동역자 중에 가장 먼저 기록된 것으로 볼 때 충성된 평신도였음을 알 수 있다.
* 바울은 로마교회 성도들이 뵈뵈를 맞이할 때 합당하게 영접하라고 권면하고 있다.
* 여러 사람과 나의 보호자가 되었다는 것을 볼 때, 바울과 그의 일행이 전도 사역을 할 때 경제적인 후원과 함께 여러 모양으로 잘 섬겼음을 알 수 있다.

3 브리스가와 아굴라 (로마서 16장 1-2절)

『[1]너희는 그리스도 예수 안에서 나의 동역자들인 브리스가와 아굴라에게 문안하라 [2]그들은 내 목숨을 위하여 자기들의 목까지도 내놓았나니 나뿐 아니라 이방인의 모든 교회도 그들에게 감사하느니라』

* 브리스가와 아굴라는 고린도에서 바울을 만나 함께 장막 만드는 일을 하면서 복음을 전했다. (행 18:2-3)
* 바울이 자랑스럽게 동역자로 부르고 있다.
* 바울을 위해 자기들의 목까지도 내어 놓았다는 것으로 보아 바울이 전도하는 중에 위기를 만났을 때 구해준 것으로 보인다.
* 이방인의 모든 교회가 감사한 것은 그의 섬김이 다른 지역까지 알려질 정도로 모범이 되었기 때문이다.

〉〉 위의 평신도들의 사역을 보면서 어떤 생각이 드는가?

* 이들은 영혼 구원과 복음 전파를 위해 바울과 합심한 평신도 동역자들이다.

2 베드로전서 2장 9-10절이 주는 의미를 살펴보자.

『[9]그러나 너희는 택하신 족속이요 왕 같은 제사장들이요 거룩한 나라요 그의 소유가 된 백성이니 이는 너희를 어두운 데서 불러내어 그의 기이한 빛에 들어가게 하신 이의 아름다운 덕을 선포하게 하려 하심이라 [10]너희가 전에는 백성이 아니더니 이제는 하나님의 백성이요 전에는 긍휼을 얻지 못하였더니 이제는 긍휼을 얻은 자니라』

1 본문을 쉽게 표현해 보라.

『너희는 하나님께서 택하신 민족이며 왕 같은 제사장으로 하나님께서 다스리는 거룩한 나라의 백성이다. 하나님께서 행하신 놀라운 일을 알리기 위해 우리를 어둠 가운데서 불러내어 빛 가운데로 인도해 주셨다. 이전에는 우리가 하나님의 백성이 아니었지만 지금은 하나님의 백성의 은혜를 누리고 있다.』

2 어떤 사람이 제사장이 되었나? (출 29:9)

『아론과 그의 아들들에게 띠를 띠우며 관을 씌워 그들에게 제사장의 직분을 맡겨 영원한 규례가 되게 하라 너는 이같이 아론과 그의 아들들에게 위임하여 거룩하게 할지니라』

* 구약 시대의 제사장은 하나님으로부터 특별히 선택받은 자로서 열두 지파 중 레위 지파, 레위 지파 중 아론의 집안, 아론의 집안 중에 하나님이 보시기에 가장 좋은 아들들만 뽑아서 제사장으로 삼았다.
* 제사장은 이스라엘의 엘리트요 거룩한 자요, 일생을 성전에서 헌신할 수 있는 특권을 받았다.

3 베드로전서 2장 5절이 주는 의미를 살펴보라.

『너희도 산 돌 같이 신령한 집으로 세워지고 예수 그리스도로 말미암아 하나님이 기쁘게 받으실 신령한 제사를 드릴 거룩한 제사장이 될지니라』

❶ 말씀을 자신의 말로 쉽게 표현해 보라.

『너희도 산 돌 같이 신령한 집으로 세워지고 예수 그리스도로 말미암아 하나님이 기쁘게 받으실 신령한 제사를 드릴 거룩한 제사장이 될지니라』

〉〉 **여기서 말하는 '너희'는 누구인가?**

❷ 말씀을 통해서 느낀 점을 말해 보라.

〉〉 **왕 같은 제사장이라는 특권이 누구에게까지 주어졌는가?**

* 제사장의 신분을 우리에게 넘겨주신 것은 엄청난 축복을 주신 것이다.

>> **예수님을 통해서 왕 같은 제사장이라고 불리게 되었다. 느낀 점을 말해 보라.**

4 요한계시록 1장 6절이 주는 의미를 말해 보라.

『그의 아버지 하나님을 위하여 우리를 나라와 제사장으로 삼으신 그에게 영광과 능력이 세세토록 있기를 원하노라 아멘』

* 사도 요한은 예수님이 우리를 제사장으로 삼아 주시므로, 구약 시대부터 고대한 소망이 이루어진 것을 근거하여 하나님께 영광을 돌리고 있다.

3 제사장이 되기 위한 과정을 살펴보자.

1 구약 시대의 정결 의식과 예수님의 죽음에 대해서 말해 보라.(출 29:10, 롬 8:1)

『너는 수송아지를 회막 앞으로 끌어오고 아론과 그의 아들들은 그 송아지 머리에 안수할지며』

* 제사장이 되기 위해서는 먼저 수송아지 머리에 안수하여 자신의 죄를 전가하므로, 죄를 씻고 거룩하게 하는 안수 의식을 행한다. 이스라엘 백성들도 이와 같은 안수 의식을 행했다.
* 아론이 아들들을 대신해서 '하나님 아버지! 저는 죄인 중의 죄인입니다. 이 더러운 죄인이 어떻게 제사장이 될 수 있습니까? 저의 모든 죄를 이 수송아지에게 넘기오니, 이 송아지에게 저의 모든 죄값을 갚으시고, 저를 용서해 주시옵소서' 라고 기도하면 그 아들들이 '아멘' 했다. 그리고 수송아지를 대속의 제물로 드렸다.
* 이처럼 우리도 믿음의 손을 예수님께 얹고, 죄를 고백하고 용서를 구하는 기도를 드리고 예수님을 구원자로 믿어야 한다. '하나님! 저의 모든 죄악을 예수님께 다 돌리시고 제게 벌하실 모든 죄값을 예수님을 통해 받으신 것을 믿습니다.' 이 기도를 들으신 하나님은 예수님의 십자가의 피를 통해서 우리를 용서하셨다.

(롬 8:1)『그러므로 이제 그리스도 예수 안에 있는 자에게는 결코 정죄함이 없나니』

* 예수님을 믿는 자는 죄 때문에 자신을 학대하거나 계속해서 과거의 죄에 얽매이지 말아야 한다.

2 제사장도 죄사함을 받았지만 다시 죄를 범하는 약점을 가진 인간이다. 그렇다면 다시 범하는 죄에 대해서 어떻게 하면 되는가? (요일 1:9)

『만일 우리가 우리 죄를 자백하면 그는 미쁘시고 의로우사 우리 죄를 사하시며 우리를 모든 불의에서 깨끗하게 하실 것이요』

* 제사장들은 다시 물로 목욕하는 의식을 행했다.
* 이처럼 우리도 자신이 지은 죄에 대해서 끊임없이 자백을 해야 한다.
* 우리는 이미 용서받은 하나님의 자녀요 제사장이기에 예수님께 죄를 고백하면 죄사함의 은총이 보장되어 있다.
* 죄 용서를 받을 수 있는 길이 열렸다고 해서 죄 짓는 것을 쉽게 생각해서는 안 된다.

3 제사장에게 예복인 에봇을 입혀주는 것은 어떤 의미가 있는가? (출 29:4-6, 롬 4:5)

『[4]너는 아론과 그의 아들들을 회막 문으로 데려다가 물르 씻기고 [5]의복을 가져다가 아론에게 속옷과 에봇 받침 겉옷과 에봇을 입히고 흉패를 달고 에봇에 정교하게 짠 띠를 띠게 하고 [6]그의 머리에 관을 씌우고 그 위에 거룩한 패를 더하고』

* 목욕의식을 행한 후 제사장은 제사장의 예복인 에봇을 입었다.
* 이처럼 예수님을 믿는 우리에게 의의 옷을 입혀 주셨다.

(롬 4:5)『일을 아니할지라도 경건하지 아니한 자를 의롭다 하시는 이를 믿는 자에게는 그의 믿음을 의로 여기시나니』

* 우리가 바로 이 의의 옷을 입은 제사장이 된 것이다.
* 영광스럽고 찬란한 이 옷은 천국에 들어갈 때 빛날 것이다.
* 영광스러운 제사장의 직분을 받았기에 함부로 살지 말고 죄와 타협하지 말아야 한다.

〉〉 **제사장의 신분에 맞는 삶을 살기 위해서 어떤 노력을 하고 있는가?**

4 제사장에게 행한 기름 부음의 의식이 의미하는 것은 무엇인가? (출 29:7, 요일 2:27)

『관유를 가져다가 그의 머리에 부어 바르고』

* 제사장은 이어서 기름 부음의 의식을 행한다.
* 신약 시대의 기름 부음은 성령을 말한다.
* 예수님을 믿는 사람은 예외 없이 기름 부음을 받은 것이다.

(요일 2:27) 『너희는 주께 받은 바 기름 부음이 너희 안에 거하나니 아무도 너희를 가르칠 필요가 없고 오직 그의 기름 부음이 모든 것을 너희에게 가르치며 또 참되고 거짓이 없으니 너희를 가르치신 그대로 주 안에 거하라』

* 예수님을 믿는 사람은 예외 없이 성령님께서 함께 하신다.
* 성도는 누구나 성령으로 채움을 입은 성령의 사람이다.
* 기름 부음을 받은 증거는 말씀과 인격의 변화, 삶의 변화에서 찾아야 한다.
* 방언이나 병 고침 같은 특별한 은사체험에서 기름 부음의 증거를 찾으려고 하는 것은 잘못된 것이다.

〉〉 **당신은 성령의 사람인가? 그렇다면 그 증거를 말해 보라.**

5 제사장들에게 숫양의 피를 귓밥과 엄지손가락과 발가락에 칠한 것은 어떤 의미가 있을까? (출 29:20)

『너는 그 숫양을 잡고 그것의 피를 가져다가 아론의 오른쪽 귓부리와 그의 아들들의 오른쪽 귓부리에 바르고 그 오른손 엄지와 오른발 엄지에 바르고 그 피를 제단 주위에 뿌리고』

* 온 몸이 하나님을 위해서 구별되었다는 것을 표현하는 것이다.

〉〉 이처럼 하나님께서는 우리를 세상 사람과 완전히 구별해서 하나님만 위해 살도록 만들어 놓으신 것이다. 느낀 점을 말해 보라.

4 왕 같은 제사장이라는 신분을 가진 사람은 어떤 삶을 살아야 하는가? (롬 12:1)

『그러므로 형제들아 내가 하나님의 모든 자비하심으로 너희를 권하노니 너희 몸을 하나님이 기뻐하시는 거룩한 산 제물로 드리라 이는 너희가 드릴 영적 예배니라』

* 하나님께서 기뻐하시는 거룩한 산 제물로 드리라는 것은 구별된 삶(거룩함)과 전적인 헌신을 요구하시는 것이다.
* 몸을 드리라는 것은 우리가 활동하는 모든 영역에서 하나님께서 기뻐하시는 제물이 되어야 한다는 것이다. 어디서든 삶의 현장이 하나님을 기쁘시게 해 드리는 삶이 되어야 하는 것이다.

〉〉 삶 속에서 거룩한 제물로서의 삶을 위해 특별히 노력하고 있는 것이 무엇인가?

5 왕 같은 제사장이 된 우리가 해야 할 자랑스러운 일은 무엇인가? (벧전 2:9)

『그러나 너희는 택하신 족속이요 왕 같은 제사장들이요 거룩한 나라요 그의 소유가 된 백성이니 이는 너희를 어두운 데서 불러내어 그의 기이한 빛에 들어가게 하신 이의 아름다운 덕을 선포하게 하려 하심이라』

〉〉 제사장의 역할인 '아름다운 덕을 선포하는 일'을 감당하기 위해서 해야 하는 일은 무엇인가?

* 하나님께서 선택하신 왕 같은 제사장이기에 복음을 전하는 일에 삶의 우선순위를 두어야 한다.
* 신약 시대 성도들은 레위 지파 중의 아론 가문에서 선택된 아들과 같은 대제사장의 신분을 계승하고 있다. 이렇게 고귀한 사람으로 선택받은 특별한 존재이기에 단지 천국 가는 것에 만족해서는 안 된다. 이것은 성도들에게 능력 있는 그리스도인으로 섬길 수 있는 특권을 주신 것이다. 내가 왕 같은 제사장이라는 의식을 가지고 나아갈 때, 세상에서 복음은 더욱 확장될 것이고, 하나님 나라의 영향력은 더욱 힘을 발휘할 것이다.

6 오늘 말씀을 통해서 느끼고 결단한 것을 말하고 합심해서 기도하자.

◆ 성구암송   베드로전서 2장 5절, 베드로전서 2장 9절
◆ 큐   티   베드로전서 2장 4-10절
◆ 독서과제
◆ 생활과제
◆ 성경읽기

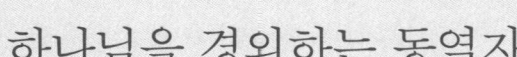

3과
하나님을 경외하는 동역자

이 땅에서 110년을 살면서 하나님의 동역자로서의 사명을 잘 감당한 사람이 바로 요셉이다. 요셉의 삶은 예수님과 유사한 점이 많다고 볼 수 있다. 아버지의 지극한 사랑을 받은 점과 형제들의 죄를 지적한 점, 은 20개에 팔렸지만 자신을 팔아넘긴 형들을 용서해 준 점이 그것이다. 요셉은 여러 가지 유혹을 받았지만 끝까지 승리했다. 요셉 뿐 아니라 믿음의 사람들에게는 공통적인 특징이 있다. 이 시간 말씀을 통해서 살펴보자.

적용할 말씀

1 요셉은 어떤 삶을 살았는지 창세기 42장 18절을 보고 아래 물음에 답하라.

> 『사흘 만에 요셉이 그들에게 이르되 나는 하나님을 경외하노니 너희는 이같이 하여 생명을 보전하라』

1 본문의 배경을 말해 보라.

요셉을 팔아넘긴 형들이 양식을 사기 위해 애굽의 총리인 요셉을 만나지만 요셉을 알아보지는 못한다. 요셉은 아우 베냐민을 데려오도록 하기 위해서 그들을 감옥에 넣었다가 삼일 만에 불러서 동생을 데려오지 않으면 첩자인 줄 알겠다고 말한다. 그리고 자신이 어떻게 살아왔는지 고백하고 있다. 지금까지 자신의 모든 삶의 결과는 하나님과의 관계에서 이루어진 것임을 고백하고 있다.

2 여기서 배울 수 있는 교훈을 말해 보라.

* 요셉은 자신의 삶이 하나님을 경외하는 삶이었다고 말하고 있다.
* 자신의 삶의 결과가 바로 하나님을 경외했기 때문임을 분명히 밝히고 있다.

〉〉 요셉처럼 하나님을 경외하는 자라고 당당히 고백할 수 있는가? 그럴 수 없다면 그 이유가 무엇인가?

3 '경외'의 뜻이 무엇인지 말해 보라.

* '경외'란 하나님에 대한 두려움이다.
* 이 땅을 창조하시고 모든 주권을 가지고 계신 하나님의 권위와 거룩함에 대해서 피조물인 사람이 공경하는 마음에서 시작되는 두려움이다.
* 하나님께 대한 경외심은 막연히 두려워하는 공포심과는 다르다.

* 죄인인 인간이 창조주이시며 만물의 주관자이시고 심판자이신 하나님을 향해 마땅히 가져야 하는 마음의 자세이다.

> 경외함은 두려워한다는 뜻이다. 그러나 무서워한다는 뜻은 아니다. 웃어른을 웃어른으로 존중하는 마음이다. 겸손한 마음을 가지고 두려워하며 받들어 섬기는 것이다.   -내촌감삼-

2 다음 성경을 통해서 느낀 점을 말해 보라.

1 창세기 37장 2절 (참고: 잠 8:13)

『야곱의 족보는 이러하니라 요셉이 십칠 세의 소년으로서 그의 형들과 함께 양을 칠 때에 그의 아버지의 아내들 빌하와 실바의 아들들과 더불어 함께 있었더니 그가 그들의 잘못을 아버지에게 말하더라』

* 요셉은 죄를 미워하여 어려서부터 형들의 잘못을 보고 지적했다.
* 보디발의 아내의 유혹을 과감하게 물리칠 만큼 죄를 미워했다.

(잠 8:13) 『여호와를 경외하는 것은 악을 미워하는 것이라 나는 교만과 거만과 악한 행실과 패역한 입을 미워하느니라』

* 하나님을 경외하는 자는 악을 미워한다.

〉〉 악을 미워한다고 자신있게 말할 수 있는가?

2 창세기 39장 3-5절

『[3]그의 주인이 여호와께서 그와 함께 하심을 보며 또 여호와께서 그의 범사에 형통하게 하심을 보았더라 [4]요셉이 그의 주인에게 은혜를 입어 섬기매 그가 요셉을 가정 총무로 삼고 자기의 소유를 다 그의 손에 위탁하니 [5]그가 요셉에게 자기의 집과 그의 모든 소유물을 주관하게 한 때부터 여호와께서 요셉을 위하여 그 애굽 사람의 집에 복을 내리시므로 여호와의 복이 그의 집과 밭에 있는 모든 소유에 미친지라』

* 하나님을 경외하는 요셉에게 하나님은 많은 은혜를 베풀어 주셨고, 요셉은 가는 곳마다 선한 영향력을 끼쳤다.

3 창세기 45장 5절 (참고: 잠 14:27)

『당신들이 나를 이 곳에 팔았다고 해서 근심하지 마소서 한탄하지 마소서 하나님이 생명을 구원하시려고 나를 당신들보다 먼저 보내셨나이다』

* 요셉이 자신을 종으로 판 형들을 용서한 것은 삶의 주관자가 하나님이심을 믿었기 때문이다.
* 하나님을 경외하는 자는 자신의 모든 삶을 하나님께서 주관하신다는 사실을 믿는다.
* 요셉은 자신이 애굽에 온 것은 하나님의 계획이었다고 믿었기 때문에 용서할 수 있었다.

(잠 14:27) 『여호와를 경외하는 것은 생명의 샘이니 사망의 그물에서 벗어나게 하느니라』

* 하나님은 요셉을 위기에서 보호하시고 벗어나게 하셨다.
* 형제의 미움, 보디발 아내의 모함, 종살이, 감옥살이 중에도 하나님의 보호하심을 받았다.
* 형들이 쳐 놓은 그물과 보디발의 아내가 쳐 놓은 그물은 요셉이 애굽의 총리가 되는 시작이 되었다.

3 하나님을 경외할 때 말씀을 듣는 자세가 어떻게 달라지는지 성경을 통해서 살펴보자.

1 창세기 17장 1-3절

『[1]아브람이 구십구 세 때에 여호와께서 아브람에게 나타나서 그에게 이르시되 나는 전능한 하나님이라 너는 내 앞에서 행하여 완전하라 [2]내가 내 언약을 나와 너 사이에 두어 너를 크게 번성하게 하리라 하시니 [3]아브람이 엎드렸더니 하나님이 또 그에게 말씀하여 이르시되』

* 믿음의 조상 아브라함은 하나님을 경외하는 사람이었다.
* 하나님께서 아브라함을 부르시고 말씀하실 때 엎드렸다고 한다. 이는 하나님을 높여 드리고, 굴복하는 자세로 완전하게 마음으로 받는 자세를 말한다.

2 데살로니가전서 2장 13절

『이러므로 우리가 하나님께 끊임없이 감사함은 너희가 우리에게 들은 바 하나님의 말씀을 받을 때에 사람의 말로 받지 아니하고 하나님의 말씀으로 받음이니 진실로 그러하도다 이 말씀이 또한 너희 믿는 자 가운데에서 역사하느니라』

칭찬을 받은 데살로니가 교회 성도들은 하나님의 말씀을 듣는 자세가 달랐다. 사도들이 전하는 말씀을 사람의 말로 듣지 않고 하나님의 말씀으로 들었다. 하나님을 경외하는 사람은 이 땅을 창조하신 하나님의 말씀을 들을 때, 사람의 말로 듣지 않고 하나님의 말씀으로 듣는다.

〉〉 어떤 자세로 말씀을 듣는가?

〉〉 말씀을 듣는 자세를 통해 하나님으로부터 하나님을 경외하는 사람이라고 인정받고 있다고 생각하는가?

* 로마 황제 콘스탄틴 대제는 설교를 들을 때 왕관을 벗고 서서 말씀을 들었다.

4 출애굽기 1장 15-21절을 통해서 주시는 교훈을 살펴보자.

『[15]애굽 왕이 히브리 산파 십브라라 하는 사람과 부아라 하는 사람에게 말하여 [16]이르되 너희는 히브리 여인을 위하여 해산을 도울 때에 그 자리를 살펴서 아들이거든 그를 죽이고 딸이거든 살려두라 [17]그러나 산파들이 하나님을 두려워하여 애굽 왕의 명령을 어기고 남자 아기들을 살린지라 [18]애굽 왕이 산파를 불러 그들에게 이르되 너희가 어찌하여 이같이 남자 아기들을 살렸느냐 [19]산파가 바로에게 대답하되 히브리 여인은 애굽 여인과 같지 아니하고 건장하여 산파가 그들에게 이르기 전에 해산하였더이다 하매 [20]하나님이 그 산파들에게 은혜를 베푸시니 그 백성은 번성하고 매우 강해지니라 [21]그 산파들은 하나님을 경외하였으므로 하나님이 그들의 집안을 흥왕하게 하신지라』

1 산파들은 누구의 뜻을 따랐는가? (17절)

* 산파들은 바로의 명령보다 하나님을 두려워하여 남자 아이를 살렸다.

2 출애굽기 1장 20-21절을 통해 느낀 점을 말해보라. (참고: 시 128:1)

* 이스라엘 백성이 번성하고 매우 강해졌다.
* 하나님은 자신을 경외하는 사람들을 통해서 하나님의 뜻을 이루어 가신다.
* 하나님이 산파들에게 은혜를 베푸셔서 산파들의 집안이 흥왕해졌다.

(시 128:1)『여호와를 경외하며 그의 길을 걷는 자마다 복이 있도다』

>> 하나님을 경외하는 사람에게 은혜를 베풀어 주신다. 자신에게 부족한 부분이 있다면 말해보라.

5 아래 성경을 통해서 느낀 점을 말해보라.

1 시편 31편 19절

『주를 두려워하는 자를 위하여 쌓아 두신 은혜 곧 주께 피하는 자를 위하여 인생 앞에 베푸신 은혜가 어찌 그리 큰지요』

* 하나님을 두려워하는 자를 위하여 은혜를 쌓아 두셨다고 고백한다. 하나님을 경외하는 자에게 주시기 위해 쌓아 두신 은혜는 너무나 크다.

〉〉 하나님이 쌓아 두신 은혜에 대한 기대감이 있는가?

〉〉 그렇다면 어떤 삶을 살아야 할까?

2 시편 25편 12절

『여호와를 경외하는 자 누구냐 그가 택할 길을 그에게 가르치시리로다』

* 하나님을 경외하는 사람에게 지혜를 주셔서 바른 선택을 하게 하신다.

〉〉 지혜를 얻기 위해서 어떤 노력을 하고 있는가?

> 지금부터 하나님의 위엄을 경외하라 그를 두려워하라 그러면 그 외에 아무 것도 두려워하지 않게 될 것이다. - 제임스 Fordyce (스코틀랜드 성직자)

3 사도행전 10장 35절

『각 나라 중 하나님을 경외하며 의를 행하는 사람은 다 받으시는 줄 깨달았도다』

* 하나님께서는 어느 나라 사람이든지 하나님을 경외하고 의로운 일을 하는 사람을 받아준다고 하셨다.

* 출신에 관계없이 하나님을 경외하는 사람을 받아 주시고 귀하게 사용해 주신다.

6 오늘 주신 말씀을 통해서 느낀 점과 결단한 점을 말해 보라.

◆ **성구암송**　　시편 25편 12절, 시편 31편 19절
◆ **큐　　티**　　욥기 1장 1–5절
◆ **독서과제**
◆ **생활과제**
◆ **성경읽기**

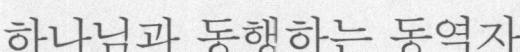

하나님과 동행하는 동역자

서론

아담의 후손 중에 두 명의 에녹이 있다. 한 사람은 아담의 아들인 가인의 아들 에녹이다. 가인의 아들 에녹에 대한 내용은 그가 '이랏'이라는 아들을 낳았다는 기록 밖에 없다. 한 일이 아무 것도 없다는 것이다. 그러나 아담의 7대손으로 야렛의 아들인 에녹은 삼백육십오 년을 사는 동안 하나님과 삼백 년을 동행했다. 에녹은 하나님의 기쁨이 되었고 맡은 일을 잘 감당했다. 하나님과의 동행에 대해 살펴보자.

적용할 말씀

1 창세기 5장 21-24절이 주는 교훈을 살펴보자.

> 『[21]에녹은 육십오 세에 므두셀라를 낳았고 [22]므두셀라를 낳은 후 삼백 년을 하나님과 동행하며 자녀들을 낳았으며 [23]그는 삼백육십오 세를 살았더라 [24]에녹이 하나님과 동행하더니 하나님이 그를 데려가시므로 세상에 있지 아니하였더라』

1 에녹은 하나님과 삼백 년 동안 동행한 사람이다. 동행의 의미에 대해서 말해보라.

* 동행이란 '함께 걸어 다니다' '함께 살다' 라는 뜻으로 하나님과의 친밀도를 나타낸다.
* 하나님과 항상 함께 하며 특별한 교제를 한 것을 뜻한다.

2 하나님과의 동행을 시작하게 된 계기가 무엇인가?

* 므두셀라를 낳은 후부터 하나님과 동행했다.

3 므두셀라를 낳은 후, 에녹에게 "하나님과 동행"이라는 영적인 변화가 일어났다. 에녹이 살았던 시기의 영적인 상태와 에녹의 결단은 어떤 관계가 있는지 창세기 6장 5-6절을 통해서 살펴보자.

> 『[5]여호와께서 사람의 죄악이 세상에 가득함과 그의 마음으로 생각하는 모든 계획이 항상 악할 뿐임을 보시고 [6]땅 위에 사람 지으셨음을 한탄하사 마음에 근심하시고』

* 에녹은 악한 시대를 살아야 하는 아들 므두셀라를 생각하며 해야 할 일을 깨달은 것이다.
* 하나님과의 동행만이 죄로부터 자신과 아들을 지킬 수 있다는 것을 깨닫고, 하나님과의 동행을 결단한 것이다.

〉〉 지금 시대의 악함을 보며 내가 해야 할 일이 무엇이라고 생각하는가?

4 자녀의 이름을 지을 때 부모는 자녀에 대한 기대를 담아 짓는다. '므두셀라'라는 이름이 주는 의미를 살펴보자.

* '므두셀라'는 '창의 사람'이라는 뜻이다.
* 에녹은 아들을 낳고 악한 세상에서 자신을 지킬 창이 필요하다고 생각했던 것이다.

5 에녹이 삼백 년 동안 하나님과 동행한 것에서 배울 점은 무엇인가?

* 에녹은 삼백 년 동안 흔들림 없이 하나님과 동행했다.

〉〉 신앙생활하면서 쉽게 흔들린다면 무엇이 문제라고 생각하는가?

〉〉 흔들림이 없는 하나님의 동역자가 되기 위해서 고쳐나가야 할 점을 말해 보라.

2 에녹의 사역을 유다서 1장 14-15절을 통해서 살펴보자.

『[14]아담의 칠대 손 에녹이 이 사람들에 대하여도 예언하여 이르되 보라 주께서 그 수만의 거룩한 자와 함께 임하셨나니 [15]이는 뭇 사람을 심판하사 모든 경건하지 않은 자가 경건하지 않게 행한 모든 경건하지 않은 일과 또 경건하지 않은 죄인들이 주를 거슬러 한 모든 완악한 말로 말미암아 그들을 정죄하려 하심이라 하였느니라』

1 하나님과 동행한 에녹은 하나님의 뜻을 전한 전도자라고 할 수 있다. 에녹은 사람들에게 어떤 예언을 했는가?

"주님께서 많은 거룩한 자들(천사)과 함께 오셔서 하나님을 거역한 자들에게 벌을 내리시고 그들이 저지른 악한 일과 하나님에 대해 완악하게 한 말의 죄에 대해서 심판하실 것이다."

* 에녹은 경건하지 않은 죄인들에 대한 하나님의 심판이 있음을 사람들에게 알렸다.

2 에녹이 살던 당시 상황은 어떠했다고 할 수 있나? (유1:15)

* 하나님을 거역하며 악한 일을 행하고 하나님께 대해 함부로 대적하던 시대로 하나님의 심판이 임박한 시대였다.
* 그 당시 사람들은 타락한 삶을 살면서도 죄에 대해 무감각한 삶을 살았다.

〉〉 '경건하지 않은' 이란 내용이 네 번이나 반복된 것을 통해서 무엇을 깨달을 수 있는가?

* 경건하지 않은 삶에 대해서는 심판이 있음을 알리고 있다.
* 에녹은 경건한 삶을 살기 위해 노력했고, 경건한 삶을 살아야 한다고 외쳤다.
* 예수님을 믿고 죄 사함을 받은 우리는 마땅히 삶이 달라져야 한다.

3 에녹은 경건의 삶을 살기 위해서 필요한 자세가 무엇이라고 생각했는가?

* 죄의 유혹을 받아 범죄하기 쉬운 시대에 어떻게 살아야 하는지 에녹은 잘 알고 있었다.
* 경건의 삶을 살기 위해서 가장 중요한 것은 매일 하나님과 동행하는 삶이라는 것을 잘 알고 있었다.

〉〉 **하나님과 동행하는 경건한 삶을 위해 노력하고 있는 것이 있다면 무엇인지 말해 보라.**

3 에녹과 노아의 관계에 대해서 살펴보자.

1 아담의 족보를 통해서 살펴보자.
- 아담 – 셋 – 에노스 – 게난 – 마할랄렐 – 야렛 – 에녹 – 므두셀라 – 라멕 – 노아

2 에녹은 노아의 신앙에 어떤 영향을 끼쳤는지 말해 보라. (창 6:9)

『이것이 노아의 족보니라 노아는 의인이요 당대에 완전한 자라 그는 하나님과 동행하였으며』

* 하나님과 동행한 에녹의 신앙이 증손자인 노아로 하여금 하나님과 동행하는 삶을 살도록 영향을 끼쳤다.

〉〉 당신의 신앙이 자녀들과 성도들에게 어떤 영향을 끼치고 있는가?

3 창세기 6장 13절, 7장 1절을 통해서 느낀 점을 말해 보라.

(창 6:13) 『하나님이 노아에게 이르시되 모든 혈육 있는 자의 포악함이 땅에 가득하므로 그 끝날이 내 앞에 이르렀으니 내가 그들을 땅과 함께 멸하리라』

* 하나님은 노아에게 이 세상의 악한 사람들에 대한 심판을 말씀하셨다.

(창 7:1) 『여호와께서 노아에게 이르시되 너와 네 온 집은 방주로 들어가라 이 세대에서 네가 내 앞에 의로움을 내가 보았음이니라』

* 노아의 가족은 심판에서 제외되어 방주에 들어갈 수 있는 특권을 누리게 되었다.
* 하나님과 동행하는 삶을 통해 하나님으로부터 의로운 사람이라는 인정을 받게 된 것이다.

4 하나님과 동행한 에녹에 대한 평가와 보상에 대해서 살펴보자. (히 11:5)

『믿음으로 에녹은 죽음을 보지 않고 옮겨졌으니 하나님이 그를 옮기심으로 다시 보이지 아니하였느니라 그는 옮겨지기 전에 하나님을 기쁘시게 하는 자라 하는 증거를 받았느니라』

1 에녹에 대한 평가

* 하나님을 기쁘시게 해 드린 사람이라는 칭찬을 받았다.
* 하나님과 매일 동행하며 사는 것이 얼마나 하나님을 기쁘시게 해 드리는지 알 수 있다.

2 에녹이 받은 보상

* 에녹은 육체적인 죽음을 경험하지 않고 이 세상을 떠난 사람이다.
* 에녹은 죽음을 면제 받은 최초의 사람이 되었다.

〉〉 **하나님과 동행한 삶을 통해 누구도 피할 수 없는 육체의 죽음을 면제받았다는 것에 대해 느낀 점을 말해보라.**

〉〉 **각자의 삶의 목적과 에녹의 삶의 목적은 어떤 차이가 있는가?**

> 가장 좋은 일은 하나님이 우리와 함께 계시는 일이다. - 존 웨슬리

5 하나님과 동행한다는 의미를 아래 성경을 통해 살펴보자.

1 여호수아 1장 8절

『[8] 이 율법책을 네 입에서 떠나지 말게 하며 주야로 그것을 묵상하여 그 안에 기록된 대로 다 지켜 행하라 그리하면 네 길이 평탄하게 될 것이며 네가 형통하리라』

* 마음을 강하게 하고 좌우로 치우치지 않는 자세를 가져야 한다.
* 하나님의 말씀을 다 지켜 행하겠다는 자세를 가지고 말씀을 주야로 묵상하라고 하신다.
* 그 결과로 형통과 평탄함을 약속해 주셨다.

2 데살로니가전서 5장 17절

『쉬지 말고 기도하라』

* 사도 바울을 통해서 주시는 말씀이다.
* 쉬지 말고 기도하라는 것은 모든 문제를 주님께 아뢰고 간구하라는 것이다.

> 우리는 누가 나를 도우며, 누가 나를 방해하는가를 알려고 애쓸 필요가 없다. 우리에게 가장 중요한 것은 우리가 하는 모든 일에 하나님이 우리와 함께 계시는가, 안 계시는가 하는 것이다. - 토마스 아켐피스

6 말씀을 통해서 받은 은혜를 말하고, 하나님과 동행하기 위해서 실천할 것들을 구체적으로 말해 보자.

- ◆ **성구암송**   이사야 41장 10절, 요한복음 14장 27절
- ◆ **큐 티**   시편 1편 1-6절
- ◆ **독서과제**   하나님과 친밀합니까? (찰스 스윈돌, 크리스찬서적)
- ◆ **생활과제**
- ◆ **성경읽기**

5과
기도로 동역하는 동역자

서론

기도는 하나님이 자녀에게 주신 특권이다. 그럼에도 불구하고 기도하지 않고 하나님의 일을 한다는 것은 기도의 능력을 믿지 않거나, 내 힘으로 하려는 교만이라고 할 수 있다. 주님은 기도의 동역자들과 함께 일하기를 원하신다. 바울 역시 기도의 동역을 원했다. 기도 동역자들과 함께 기도하는 사람은 영적인 전투에서 승리하고 하나님 나라를 확장시킨다.

적용할 말씀

1 마태복음 26장 36-46절 말씀이 주는 교훈을 살펴보자.

『[36]이에 예수께서 제자들과 함께 겟세마네라 하는 곳에 이르러 제자들에게 이르시되 내가 저기 가서 기도할 동안에 너희는 여기 앉아 있으라 하시고 [37]베드로와 세베대의 두 아들을 데리고 가실새 고민하고 슬퍼하사 [38]이에 말씀하시되 내 마음이 매우 고민하여 죽게 되었으니 너희는 여기 머물러 나와 함께 깨어 있으라 하시고 [39]조금 나아가사 얼굴을 땅에 대시고 엎드려 기도하여 이르시되 내 아버지여 만일 할 만하시거든 이 잔을 내게서 지나가게 하옵소서 그러나 나의 원대로 마시옵고 아버지의 원대로 하옵소서 하시고 [40]제자들에게 오사 그 자는 것을 보시고 베드로에게 말씀하시되 너희가 나와 함께 한 시간도 이렇게 깨어 있을 수 없더냐 [41]시험에 들지 않게 깨어 기도하라 마음에는 원이로되 육신이 약하도다 하시고 [42]다시 두 번째 나아가 기도하여 이르시되 내 아버지여 만일 내가 마시지 않고는 이 잔이 내게서 지나갈 수 없거든 아버지의 원대로 되기를 원하나이다 하시고 [43]다시 오사 보신즉 그들이 자니 이는 그들의 눈이 피곤함일러라 [44]또 그들을 두시고 나아가 세 번째 같은 말씀으로 기도하신 후 [45]이에 제자들에게 오사 이르시되 이제는 자고 쉬라 보라 때가 가까이 왔으니 인자가 죄인의 손에 팔리느니라 [46]일어나라 함께 가자 보라 나를 파는 자가 가까이 왔느니라』

1 내용을 자신의 말로 쉽게 요약하라.

예수님은 겟세마네 동산에 베드로와 세베대의 두 아들을 데리고 가셨다. 그리고 슬퍼하고 괴로워하시며 "내 마음이 매우 괴로워 죽을 지경이니, 여기에 머물면서 나와 함께 깨어 있으라" 하시고, 나아가 얼굴을 땅에 대고 기도하셨다. "아버지여, 하실 수 있다면 이 잔을 내게서 지나가게 하소서. 그러나 내 원대로가 아니라 아버지의 원대로 하소서."라고 기도한 후 제자들에게 오셔서 자고 있는 것을 보시고 베드로에게 "너희가 한 시간도 나와 함께 깨어 있을 수 없느냐? 시험에 들지 않도록 깨어 기도해라. 마음은 원하지만, 육신이 약하구나."라고 하셨다. 예수님이 기도하신 후 다시 오셨을 때, 제자들이 자고 있는 것을 보시고, 제자들에게 "이제는 자고 쉬어라. 인자가 죄인들의 손에 넘겨질 때가 되었고, 나를 넘겨줄 자가 가까이 왔구나."라고 하셨다.

2 예수님이 십자가에 달리시기 전에 세 명의 제자들을 기도의 동역자로 부르신 것을 보며 무엇을 느낄 수 있는가?

* 예수님이 제자들에게 기도를 부탁하신 것은 기도의 동역이 얼마나 중요한가를 알려 주신 것이다.

3 예수님과 기도로 동역하는 것은 영광스런 특권이라고 말할 수 있다. 그 특권을 누리지 못한 제자들을 보며 느낀 점을 말해보라.

* 아무나 예수님의 동역자가 될 수 없다.
* 예수님께서 가장 힘드실 때 동역자의 기도를 원하셨다.

4 예수님은 제자들이 몹시 피곤할 때 기도를 요구하셨다. 왜 피곤한 시간임에도 기도를 요구하셨다고 생각하는가?

* 기도해야 할 때 기도해야 한다.
* 기도가 필요할 때는 육체가 피곤함을 핑계하지 말고 기도해야 한다는 것이다.

5 마태복음 26장 40절과 45절을 보며 느낀 점을 말해 보라.

『제자들에게 오사 그 자는 것을 보시고 베드로에게 말씀하시되 너희가 나와 함께 한 시간도 이렇게 깨어 있을 수 없더냐』

* 예수님은 기도하지 않는 제자들에게 아쉬움을 노골적으로 표현하셨다.

『이에 제자들에게 오사 이르시되 이제는 자고 쉬라 보라 때가 가까이 왔으니 인자가 죄인의 손에 팔리느니라』

* 제자들은 기도할 수 있는 황금 같은 기회를 놓쳤다.
* 기도해야 할 때를 놓치면 기도할 기회를 놓친다는 사실을 일깨워 주셨다.

〉〉 **기도의 때를 놓쳐서 안타까웠던 경우가 있으면 말해 보라.**

2 출애굽기 17장 8-14절을 통해서 기도의 동역자에 대해서 살펴보자.

『[8]그 때에 아말렉이 와서 이스라엘과 르비딤에서 싸우니라 [9]모세가 여호수아에게 이르되 우리를 위하여 사람들을 택하여 나가서 아말렉과 싸우라 내일 내가 하나님의 지팡이를 손에 잡고 산 꼭대기에 서리라 [10]여호수아가 모세의 말대로 행하여 아말렉과 싸우고 모세와 아론과 훌은 산 꼭대기에 올라가서 [11]모세가 손을 들면 이스라엘이 이기고 손을 내리면 아말렉이 이기더니 [12]모세의 팔이 피곤하매 그들이 돌을 가져다가 모세의 아래에 놓아 그가 그 위에 앉게 하고 아론과 훌이 한 사람은 이쪽에서, 한 사람은 저쪽에서 모세의 손을 붙들어 올렸더니 그 손이 해가 지도록 내려오지 아니한지라 [13]여호수아가 칼날로 아말렉과 그 백성을 쳐서 무찌르니라 [14]여호와께서 모세에게 이르시되 이것을 책에 기록하여 기념하게 하고 여호수아의 귀에 외워 들리라 내가 아말렉을 없이하여 천하에서 기억도 못하게 하리라』

1 내용을 자신의 말로 쉽게 요약하라.

아말렉 사람들과의 전투에서 모세는 여호수아에게 사람을 뽑아 아말렉과 싸우도록 하고 모세 자신은 하나님의 지팡이를 손에 들고 산꼭대기에서 손을 들면 이스라엘이 이기고, 손을 내리면 아말렉이 이긴다. 모세가 지쳐서 손이 내려오자 아론과 훌이 돌을 가져다가 모세를 앉게 하고, 모세의 손을 양쪽에서 붙들어 해가 질 때까지 손이 내려오지 않게 하자 여호수아는 아말렉 백성들을 무찔

렀다. 여호와께서 모세에게 "이 일을 기록하여 아말렉사람을 이 땅에서 완전하게 없애 버릴 것이다."라고 여호수아에게 알려 주라고 하셨다.

2 모세가 손을 들었다는 것은 어떤 의미이며 어떤 교훈을 주는가? (11절)

『모세가 손을 들면 이스라엘이 이기고 손을 내리면 아말렉이 이기더니』

* 여호수아가 군대를 이끌고 아말렉과 싸우는 동안 모세는 산꼭대기에서 기도하고 있었다.
* 모세의 하나님을 향한 기도에 따라 전쟁의 승패가 갈리고 있다.

3 아론과 훌은 어떤 역할을 했는가? (12-13절)

* 고령의 모세가 손을 들고 오랫동안 기도할 수 있도록 아론과 훌이 동역하므로 전쟁에서 승리할 수 있었다.
* 기도로 동역하므로 이스라엘이라는 공동체(국가)를 위기에서 구했다.
* 전쟁터에서 혼자 싸우는 사람은 없다. 특히 영적인 전쟁을 하고 있는 그리스도인들은 기도로 동역하는 것이 얼마나 중요한지 알아야 한다.

〉〉 **교회를 위해서 어떻게 기도로 동역하고 있는가?**

4 전쟁의 결과를 책에 기록하라고 한 이유가 무엇일까? (14절)

『여호와께서 모세에게 이르시되 이것을 책에 기록하여 기념하게 하고 여호수아의 귀에 외워 들리라 내가 아말렉을 없이하여 천하에서 기억도 못하게 하리라』

* 전쟁의 승리가 기도를 통한 하나님의 도우심에 있음을 다음 세대에 알리기 위함이었다.

〉〉 **기도의 동역자들과 함께 기도하므로 해결된 문제가 있으면 말해 보라.**

3 디모데전서 2장 1-4절이 주는 교훈을 살펴보자.

『[1]그러므로 내가 첫째로 권하노니 모든 사람을 위하여 간구와 기도와 도고와 감사를 하되 [2]임금들과 높은 지위에 있는 모든 사람을 위하여 하라 이는 우리가 모든 경건과 단정함으로 고요하고 평안한 생활을 하려 함이라 [3]이것이 우리 구주 하나님 앞에 선하고 받으실 만한 것이니 [4]하나님은 모든 사람이 구원을 받으며 진리를 아는 데에 이르기를 원하시느니라 』

1 다른 사람을 위해 기도하는 것은 수준 높은 기도라고 할 수 있다. 그 이유가 무엇이라고 생각하나?

* '도고'의 원뜻은 '만나다', '함께 오다'라는 뜻으로 하나님과 사람 사이에서 기도함, 즉 다른 사람을 위해 기도함이란 뜻이다.
* 대부분의 사람들은 자기를 위해서 기도한다. 다른 사람을 위해 기도하는 것은 쉽지 않다.

2 디모데전서 2장 2절을 통해서 느낀 점을 말해 보라.

* 하나님은 우리의 기도를 들으시고 광범위하게 일하신다.
* 하나님은 우리가 기도하면 왕의 마음부터 지도자의 마음까지 움직이겠다고 약속하셨다.
* 하나님은 혼자 일하실 수 있지만, 우리의 기도를 통해서 일하기를 기뻐하신다.

〉〉 **우리가 높은 지위에 있는 사람들을 위해 기도하면 우리에게 어떤 유익이 있다고 말씀하는가?**

〉〉 **다른 사람을 위한 기도가 결국 나 자신에게 유익이라는 사실을 보며 느낀 점을 말해 보라.**

3 교회와 다른 지체들을 위해서 기도할 때 느낀 것에 대해 말해보라.

* 교회 안의 지체들을 위해서 기도하면 지체의식이 더해진다.

* 교회를 위해 기도하면 같은 목적과 비전을 향해서 하나가 된다.
* 다른 사람의 문제를 위해 기도하면 사랑의 마음을 가지게 된다.
* 다른 사람을 위해서 기도하는 것은 가치 있는 섬김이다.

4 디모데전서 2장 3절을 통해서 느낀 점을 말해 보라.

『이것이 우리 구주 하나님 앞에 선하고 받으실 만한 것이니』

* 다른 사람을 위해 기도하는 것을 하나님은 귀하게 여기시고 받으신다.
* 하나님께서 다른 사람을 위해 기도하는 것을 얼마나 기뻐하시는지 알 수 있다.

〉〉 다른 사람을 위해 기도하는 데 소홀했다면 그 이유가 무엇인가?

5 전도대상자를 위해 기도하면 자신에게 어떤 유익이 있는가?

* 전도대상자를 마음에 품고 기도하다보면 모든 사람이 구원받기를 원하시는 주님의 마음을 품을 수 있다.

〉〉 한 영혼의 구원을 위한 기도가 응답된 일이 있으면 나눠보자.

4 아래 성경을 통해서 느낀 점을 말해 보라.

1 예레미야 5장 1절

『너희는 예루살렘 거리로 빨리 다니며 그 넓은 거리에서 찾아보고 알라 너희가 만일 정의를 행하며 진리를 구하는 자를 한 사람이라도 찾으면 내가 이 성읍을 용서하리라』

* 나 한 사람의 삶과 기도가 얼마나 중요한지를 알려 주는 말씀이다.
* 성읍은 예루살렘을 말한다.

〉〉 당신은 국가와 민족에게 유익한 사람인가? 그렇다면 그 이유가 무엇인가?

2 마태복음 18장 19절

『진실로 다시 너희에게 이르노니 너희 중의 두 사람이 땅에서 합심하여 무엇이든지 구하면 하늘에 계신 내 아버지께서 그들을 위하여 이루게 하시리라』

* 합심 기도의 능력을 알 수 있다.
* 하나님은 합심해서 기도하는 것을 좋아하신다.

5 오늘 공부를 통해서 느낀 점을 말해 보라.

* 주님은 우리가 기도의 동역자가 되기를 원하신다.
* 기도의 때를 놓치면 안 된다.
* 한 영혼을 위해 기도하는 것은 하나님 나라 사역에 함께 참여하는 것이다.
* 남을 위해 기도하는 것은 형제 사랑의 표현이며 가치 있는 섬김이다.

◆ **성구암송**   디모데전서 2장 1-2절
◆ **큐　　티**   사도행전 12장 12-17절
◆ **독서과제**   기도하면 정말 달라질까 (R. C 스프롤, 생명의 말씀사)
◆ **생활과제**
◆ **성경읽기**

2 단원

예수님의 동역자가 갖추어야 할 사역의 자세

6과 사역과 섬김
7과 사역과 질서
8과 사역과 술
9과 격려와 권면
10과 아버지의 마음
11과 사역과 믿음
12과 사역과 상급

6과 사역과 섬김

서론

섬김은 주님께서 성도들에게 명령하신 것이다. 뿐만 아니라 예수님께서 친히 모범을 보여주시므로 섬김의 정의를 내려주셨다. 섬김의 도를 깨닫고 섬기는 사람은 주님의 총애를 받으며 살게 된다. 그러나 섬김은 마음만 앞선다고 되는 것이 아니다. 어떤 자세로, 어떻게 섬겨야 하는지 알아야 할 것이다.

적용할 말씀

1 우리가 섬겨야 하는 이유에 대해 마가복음 10장 45절을 통해서 살펴보자.

>『인자가 온 것은 섬김을 받으려 함이 아니라 도리어 섬기려 하고 자기 목숨을 많은 사람의 대속물로 주려 함이니라』

* 예수님은 섬김으로 주님의 뜻(영혼 구원)을 이루셨다.
* 우리가 누리는 모든 축복은 주님의 섬김 때문이다.

2 섬김의 힘은 하나님의 말씀을 경험하는 것에서부터 나온다. 하나님의 말씀을 경험하지 못하는 세 가지 이유를 마가복음 4장 19절을 통해서 살펴보자.

>『세상의 염려와 재물의 유혹과 기타 욕심이 들어와 말씀을 막아 결실하지 못하게 되는 자요』

❶ 세상의 염려

〉〉 어떤 부분에서 가장 염려를 많이 하는가?

❷ 재물의 유혹

〉〉 재물의 유혹에 끌리면 하나님의 말씀에 순종하지 못한다. 각자의 경험을 말해 보라.

❸ 기타 욕심

〉〉 욕심 때문에 말씀을 경험하지 못하는 것이 있다면 그것이 무엇인지 솔직히 말해 보라.

3 우리가 가진 것으로 섬겨야 할 이유가 무엇인지 아래 성경을 통해서 살펴보자.

1 역대상 29장 12절

『부와 귀가 주께로 말미암고 또 주는 만물의 주재가 되사 손에 권세와 능력이 있사오니 모든 사람을 크게 하심과 강하게 하심이 주의 손에 있나이다』

* 우리가 누리는 것 중에 어떤 것도 하나님이 주시지 않은 것이 없다. 명예, 재물, 지식, 건강 등을 가졌다면 더욱 겸손히 섬겨야 한다.

2 베드로전서 4장 11절

『만일 누가 말하려면 하나님의 말씀을 하는 것 같이 하고 누가 봉사하려면 하나님이 공급하시는 힘으로 하는 것 같이 하라 이는 범사에 예수 그리스도로 말미암아 하나님이 영광을 받으시게 하려 함이니 그에게 영광과 권능이 세세에 무궁하도록 있느니라 아멘』

* 섬김을 통해 많은 열매를 얻었다고 해도 더욱 겸손해야 하고 감사해야 한다. 하나님께서 섬길 수 있는 힘을 주시고, 섬길 때 더 많은 열매를 주시기 때문이다.

〉〉 **자신이 섬기는 것 중에 주님께서 주신 것을 나열해 보라.**

4 겸손한 자는 섬김의 삶을 살 수 있지만 교만한 자는 섬길 수 없다. 그 이유가 무엇인지 아래 성경을 통해 살펴보자.

1 잠언 21장 24절

『무례하고 교만한 자를 이름하여 망령된 자라 하나니 이는 넘치는 교만으로 행함이니라』

* 망령된 자는 사람이 갖추어야 할 기본적인 인격을 기대할 수 없다. 교만한 사람 역시 기대할 것이 없다.
* 망령된 사람의 인격으로는 다른 사람을 섬길 수 없는 것이 당연하다.

〉〉 교만한 사람이 섬길 수 없는 또 다른 이유를 말해 보라.

2 베드로전서 5장 5절

『젊은 자들아 이와 같이 장로들에게 순종하고 다 서로 겸손으로 허리를 동이라 하나님은 교만한 자를 대적하시되 겸손한 자들에게는 은혜를 주시느니라』

* 교만한 자는 하나님께서 세우신 교회 질서를 중요하게 생각하지 않기에 교회 지도자의 권위에 순종하지 않고 교회 질서를 무시한다.
* 교만한 자는 하나님의 질서를 지키기보다 자신의 만족과 자신을 드러내는 것을 중요하게 생각한다.
* '겸손으로 허리를 동이라'는 말씀에서 예수님께서 제자들의 발을 씻기시는 모습을 생각해 볼 수 있다.
* 하나님은 교만한 자를 대적하시고, 겸손한 자에게 은혜를 베푸신다. 교만한 자에 대한 하나님의 진노를 알 수 있다.

〉〉 하나님께서 교만한 자를 대적하신다고 하셨다. 하나님께서 대적하는 자는 어떻게 될까?

5 어떤 마음으로 섬겨야 하는가?

1 고린도전서 10장 24절

『누구든지 자기의 유익을 구하지 말고 남의 유익을 구하라』

* 진정한 섬김은 자기의 유익을 구하지 않고 남의 유익을 구하는 데서부터 시작된다.

〉〉 자기의 유익을 구하지 않고 섬기는 것이 있다면 어떤 것이 있나?

2 고린도전서 10장 33절

『나와 같이 모든 일에 모든 사람을 기쁘게 하여 자신의 유익을 구하지 아니하고 많은 사람의 유익을 구하여 그들로 구원을 받게 하라』

* 하나님은 섬김의 숨은 의도까지 살피신다. 자신을 위해 섬기는 것은 섬김이 아니다. 다른 사람의 유익을 구하는 것이 진정한 섬김이다. 진정한 섬김은 사람을 구원에 이르도록 할 만큼 영향력이 있다.

〉〉 섬김으로 다른 사람을 구원의 길로 인도한 예가 있다면 말해 보라.

3 에베소서 6장 7절

『기쁜 마음으로 섬기기를 주께 하듯 하고 사람들에게 하듯 하지 말라』

* 주님이 원하시는 섬김은 주님께 하듯이 기쁜 마음으로 섬기는 것이다.
* 주님께 하듯이 섬기는 자는 최선을 다해 섬긴다.

〉〉 섬길 때 주님께 하듯이 섬긴다고 자신있게 말할 수 있는가? 그렇다면 그 근거가 무엇인가?

〉〉 주님께 하듯이 기쁘게 섬긴 예와 그 결과에 대해서 말해 보라.

6 아래 말씀을 통해서 고쳐야 할 부분이 있으면 말해 보라.

1 로마서 12장 8절

『혹 위로하는 자면 위로하는 일로, 구제하는 자는 성실함으로, 다스리는 자는 부지런함으로, 긍휼을 베푸는 자는 즐거움으로 할 것이니라』

* 어려움에 처한 한 사람을 섬길 때, 주님을 섬긴다고 생각하면 즐겁게 섬길 수 있을 것이다.
* '즐거움'에 해당하는 헬라어는 상처받고 고통 중에 있는 사람을 지원하는 마음으로 어루만져 위로하는 모습을 가리킨다.

〉〉 **본문에서 자신에게 부족한 모습은 무엇인지 찾아보라.**

2 누가복음 17장 10절

『이와같이 너희도 명령 받은 것을 다 행한 후에 이르기를 우리는 무익한 종이라 우리가 하여야 할 일을 한 것뿐이라 할지니라』

〉〉 **무익한 종이라는 자세를 가지면 자신에게 어떤 유익이 있을까?**

* 봉사에 대한 대가나 칭찬을 기대하면 섭섭한 마음이 생기고 불평이 나올 수 있다.
* 종은 누구의 칭찬도 기대하지 않고 오직 주인이신 하나님을 기쁘시게 해 드리는 것으로 만족한다.

3 고린도전서 4장 1-2절

『[1]사람이 마땅히 우리를 그리스도의 일꾼이요 하나님의 비밀을 맡은 자로 여길지어다 [2]그리고 맡은 자들에게 구할 것은 충성이니라』

* 성도들은 그리스도의 일꾼이며 하나님의 비밀을 맡은 자라는 말씀을 가볍게 여기면 안 된다.
* 충성은 모든 힘을 다해 최선을 다하는 것을 말한다.

〉〉 **지금까지 사역해오면서 고쳐야 할 점이 있으면 말해보라.**

7 두 달란트 받은 자와 다섯 달란트 받은 자가 받은 칭찬 세 가지를 말해 보라.
(마 25:21,23)

『그 주인이 이르되 잘하였도다 착하고 충성된 종아 네가 적은 일에 충성하였으매 내가 많은 것을 네게 맡기리니 네 주인의 즐거움에 참여할지어다 하고』

① 착하고 충성된 종이라고 칭찬을 받았다.

② 앞으로 더욱 많은 일을 맡게 되었다. 이는 주인의 신뢰를 받게 되었다는 것이다.

③ 주인의 즐거움에 참여하게 되었다.

8 오늘 주신 말씀을 통해 느낀 점을 말하고, 앞으로 어떻게 섬길 것인지에 대해서 말해 보라.

◆ **성구암송**   고린도전서 4장 1-2절
◆ **큐　　티**   마태복음 26장 6-13절
◆ **독서과제**   섬김 (배창돈, 필로)
◆ **생활과제**
◆ **성경읽기**

7과
사역과 질서

서론

하나님께서 만드신 모든 피조물이 아름다운 것은 질서 안에서 움직이기 때문이다. 질서가 파괴되면 추해지고 힘을 잃게 된다. 교회가 머리 되신 주님의 지시를 따를 때 건강한 교회, 건강한 성도로 쓰임을 받을 수 있다. 교회 사역은 나 혼자서 할 수 없다. 열심이 있어도 주님의 뜻 가운데 지체끼리 조화를 이루지 않으면 사역의 열매를 얻지 못하고, 원망과 불평으로 서로에게 아픔을 주게 된다. 하나님의 사역은 질서 가운데서 행할 때 열매가 있음을 기억해야 한다.

적용할 말씀

1 예수님과 교회는 어떤 관계인지 아래 성경을 통해서 살펴보자.

1 에베소서 1장 23절

『교회는 그의 몸이니 만물 안에서 만물을 충만하게 하시는 이의 충만함이니라』

* 교회는 예수님의 몸이기에 예수님께서 하신 일을 해야 한다.
* 교회가 예수님의 사역을 충실히 수행하면 이 세상에서 거룩한 영향력을 행사하게 된다.
* 성도들은 교회 사역에 방관자가 되어서는 안 된다. 적극적인 자세로 임해야 한다.

2 골로새서 1장 18절

『그는 몸인 교회의 머리시라 그가 근본이시요 죽은 자들 가운데서 먼저 나신 이시니 이는 친히 만물의 으뜸이 되려 하심이요』

* 예수님이 교회의 머리이시다. 그러므로 교회는 머리 되신 예수님의 지시를 받아야 한다.
* 교인들의 뜻이나 세상의 뜻을 우선시하다가 교회의 머리 되신 예수님의 뜻을 소홀히 여겨서는 안 된다.

 〉〉 **예수님의 뜻보다는 자신의 뜻을 고집하므로 교회를 어렵게 하고 있는 것이 있다면 어떻게 해야 하나?**

2 고린도전서 12장 27절을 통해서 예수님과 나는 어떤 관계인지 살펴보고 느낀 점을 말해 보라.

『너희는 그리스도의 몸이요 지체의 각 부분이라』

* 내가 그리스도의 몸인 교회의 지체라고 말씀한다.
* 지체는 몸과 뗄 수 없는 관계로 몸이 하는 사역을 위해 충성을 다해 섬겨야 한다.
* 지체는 항상 몸을 위해 존재한다.
* 지체는 평생 몸을 섬긴다.
* 맡은 일에 충성하는 것이 그리스도의 몸인 교회의 질서를 잘 지키는 것이 된다.

〉〉 **나를 예수님의 몸의 한 부분이라고 하신다. 앞으로 예수님의 몸인 교회를 위해 무엇을 해야 할까?**

3 에베소서 4장 11-12절을 보며 나는 어떤 사역자가 되어야 할지 살펴보자.

『[11]그가 어떤 사람은 사도로 어떤 사람은 선지자로 어떤 사람은 복음 전하는 자로 어떤 사람은 목사와 교사로 삼으셨으니 [12]이는 성도를 온전하게 하여 봉사의 일을 하게 하며 그리스도의 몸을 세우려 하심이라』

1 직분을 주신 이유는 무엇인가?

* 성도를 온전하게 하기 위함이다.

〉〉 **다른 성도들의 영적 성장을 위해서 어떤 유익을 주고 있나?**

* 교회의 직분자들은 성도들을 말씀으로 잘 가르치고 양육해서 영적으로 성숙한 사람이 되도록 섬겨야 한다.

2 다른 사람을 봉사자로 세우는 일에 쓰임 받고 있는가?

* 영적으로 성숙한 사람이 봉사의 일을 해야 한다.
* 다른 사람을 잘 섬겨서 영적으로 성숙한 자, 즉 봉사하는 사람이 되도록 해야 한다.

>> 당신의 섬김으로 교회에서 잘 섬기는 자가 있다면 어떻게 섬겼는지 말해보라.

3 그리스도의 몸인 교회를 세우는 건강한 지체가 되기 위해 어떤 자세를 가져야 할까?

* 직분을 주신 것은 그리스도의 몸인 교회를 세우기 위함이다.

>> 교회 사역을 방해하고 교회의 화평과 하나 됨을 깨뜨리는 일을 하지 않았는지 생각해보고 깨달은 것을 말해 보라.

>> 아가서 2장 15절을 함께 읽어보고 느낀 점을 말하라.

『우리를 위하여 여우 곧 포도원을 허는 작은 여우를 잡으라 우리의 포도원에 꽃이 피었음이라』

4 어떤 일에 힘써야 하는지 로마서 14장 19절을 통해서 살펴보자.

『그러므로 우리가 화평의 일과 서로 덕을 세우는 일을 힘쓰나니』

* 화평의 일과 덕을 세우는 일에 힘써야 한다.
* 화평은 교회의 화합과 단결을 이루게 한다.
* 덕을 세우는 일에 힘쓸 때, 성도들에게 거룩한 영향을 끼치고 영적으로 자라게 하여 건강한 교회를 이루게 된다.

>> 교회의 화평을 위해서 어떤 역할을 하고 있는가?

5 사역자의 자세에 대해서 빌립보서 2장 1-4절을 통해서 살펴보자.

『[1]그러므로 그리스도 안에 무슨 권면이나 사랑의 무슨 위로나 성령의 무슨 교제나 긍휼이나 자비가 있거든 [2]마음을 같이하여 같은 사랑을 가지고 뜻을 합하며 한마음을 품어 [3]아무 일에든지 다툼이나 허영으로 하지 말고 오직 겸손한 마음으로 각각 자기보다 남을 낫게 여기고 [4]각각 자기 일을 돌볼 뿐더러 또한 각각 다른 사람들의 일을 돌보아 나의 기쁨을 충만하게 하라』

1 지도자는 지체들에게 어떤 사람이 되어야 하나? (1절)

『그러므로 그리스도 안에 무슨 권면이나 사랑의 무슨 위로나 성령의 무슨 교제나 긍휼이나 자비가 있거든』

* 사랑으로 위로하므로 힘이 되어야 한다.
* 성령 안에서 교제해야 한다.
* 자비와 긍휼을 베풀어야 한다.

〉〉 **인간적인 교제는 어떤 교제인지 토의해 보자.**

* 자기 이익이 전제된 교제, 자신의 이해관계를 위한 교제라고 할 수 있다.

2 사역자가 추구해야 하는 자세는?(2절)

『마음을 같이하여 같은 사랑을 가지고 뜻을 합하며 한마음을 품어』

* 마음을 같이하여 사랑으로 사역해야 한다.
* 뜻을 합하여 하나가 되도록 해야 한다.

〉〉 **하나가 되기 위해서는 어떻게 하면 될까?**

* 주님의 뜻이 무엇인지 생각하면 될 것이다.

3 어떤 마음으로 사역을 해야 하나?(3절)

『아무 일에든지 다툼이나 허영으로 하지 말고 오직 겸손한 마음으로 각각 자기보다 남을 낫게 여기고』

* 이기적인 마음, 교만한 마음을 버려야 한다.
* 겸손한 마음으로 다른 사람을 존중하고 나보다 낫게 여겨야 한다.

4 자신과 다른 사람에 대해서는 어떤 자세를 가져야 하나?

* 자신이 맡은 일을 열심히 할 뿐 아니라 다른 사람의 일도 적극적으로 돌보아야 한다.

〉〉 본문에 비추어 사역자로서 자신에게 가장 부족하다고 느끼는 부분은 무엇이며 어떤 노력을 해야 할까?

6 아래 성경을 보며 느낀 점을 말해 보라.

1 히브리서 13장 17절

『너희를 인도하는 자들에게 순종하고 복종하라 그들은 너희 영혼을 위하여 경성하기를 자신들이 청산할 자인 것 같이 하느니라 그들로 하여금 즐거움으로 이것을 하게 하고 근심으로 하게 하지 말라 그렇지 않으면 너희에게 유익이 없느니라』

〉〉 인도하는 자들에게 순종해야 하는 이유가 무엇인가?

2 디모데전5장 17절

『잘 다스리는 장로들은 배나 존경할 자로 알되 말씀과 가르침에 수고하는 이들에게는 더욱 그리할 것이니라』

* 영혼을 책임진 자들이기에 인도자를 힘들게 하지 말고 필요를 채워주기 위해 노력해야 한다.

〉〉 인도자에 대한 자세 가운데 고쳐야 할 것이 있다면 말해 보라.

3 고린도전서 14장 40절

『모든 것을 품위 있게 하고 질서 있게 하라』

* '품위 있게'란 '어울리게'라는 뜻으로 절제하는 가운데 조화를 잘 이루라는 뜻이다.
* '질서 있게'란 '순서대로'라는 뜻으로 개인적인 생각을 삼가고 주님의 뜻 가운데 하라는 뜻이다.
* 교회의 모든 은사는 균형 있는 건강한 교회를 세우기 위해 품위와 질서를 지켜 사용되어야 함을 강조하고 있다.
* 무질서는 교회를 혼란에 빠뜨릴 수 있다.

〉〉 질서 안에서 품위 있게 사역하고 있다고 자신 있게 말할 수 있는가? 그렇지 못하다면 그 이유가 무엇인가?

7 오늘 공부를 통해 느낀 점을 말하고 앞으로 어떻게 사역할 것인지에 대해서 말해 보라.

◆ 성구암송   로마서 14장 19절, 고린도전서 14장 40절
◆ 큐 티   느헤미야 5장 14–19절
◆ 독서과제   헌신 – 네비게이토 소책자 시리즈44 (로버트 보드만, 네비게이토)
◆ 생활과제
◆ 성경읽기

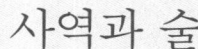

8과
사역과 술

서론

술의 역사는 참으로 오래 되었고 술로 인한 해악은 여러 곳에서 찾아볼 수 있다. 그럼에도 다수의 그리스도인들이 술로부터 자유하지 못하고 있는 것이 사실이다. 그리스도인 중에 술 문제로 고민하거나 아픈 경험을 가지고 있는 사람들을 자주 볼 수 있다. 그들 중에는 술에 대해서 관용적인 태도를 보이는 사람이 있는가 하면 술에 대해서 아주 엄격한 자세를 견지하는 사람도 있다. 성경은 술에 대해서 어떻게 말씀하는지 구체적으로 공부해 보도록 하자.

적용할 말씀

1 창세기 19장 30-38절을 통해 술에 대해서 살펴보자.

『[30]롯이 소알에 거주하기를 두려워하여 두 딸과 함께 소알에서 나와 산에 올라가 거주하되 그 두 딸과 함께 굴에 거주하였더니 [31]큰 딸이 작은 딸에게 이르되 우리 아버지는 늙으셨고 온 세상의 도리를 따라 우리의 배필 될 사람이 이 땅에는 없으니 [32]우리가 우리 아버지에게 술을 마시게 하고 동침하여 우리 아버지로 말미암아 후손을 이어가자 하고 [33]그 밤에 그들이 아버지에게 술을 마시게 하고 큰 딸이 들어가서 그 아버지와 동침하니라 그러나 그 아버지는 그 딸이 눕고 일어나는 것을 깨닫지 못하였더라 [34]이튿날 큰 딸이 작은 딸에게 이르되 어제 밤에는 내가 우리 아버지와 동침하였으니 오늘 밤에도 우리가 아버지에게 술을 마시게 하고 네가 들어가 동침하고 우리가 아버지로 말미암아 후손을 이어가자 하고 [35]그 밤에도 그들이 아버지에게 술을 마시게 하고 작은 딸이 일어나 아버지와 동침하니라 그러나 아버지는 그 딸이 눕고 일어나는 것을 깨닫지 못하였더라 [36]롯의 두 딸이 아버지로 말미암아 임신하고 [37]큰 딸은 아들을 낳아 이름을 모압이라 하였으니 오늘날 모압의 조상이요 [38]작은 딸도 아들을 낳아 이름을 벤암미라 하였으니 오늘날 암몬 자손의 조상이었더라』

■ 창세기 19장 30-32절이 주는 교훈을 살펴보자.

❶ 롯이 산 위의 굴에 거주하게 된 배경을 말해 보라. (30절)

* 하나님은 롯이 살던 소돔과 고모라(사해 연안 싯딤 골짜기에 자리 잡고 있었던 부패하고 타락한 도시)를 유황불로 심판해서 멸망시키셨다.
* 롯은 소돔과 고모라 멸망의 충격에서 벗어나지 못하고 소알성에 거주하는 것이 두려워서 산으로 올라가 굴에서 거주했다.
* 롯은 사랑하는 아내와 두 사위 그리고 모든 재산을 잃었다. 심판의 불이 떨어지던 그날의 비극은 롯에게 엄청난 두려움이었다.

❷ 큰 딸의 제안을 보며 무엇을 느낄 수 있나? (31-32절)

* 사람이 생각할 수 없는 악한 생각으로 딸들이 소돔과 고모라로부터 어떤 영향을 받았는지 알 수 있다.
* 죄에 대해서 얼마나 무감각했는지를 알 수 있다.

2 술이 어떻게 사용되고 있는지 그 결과에 대해서 살펴보자. (33-34절)

* 술을 마시게 한 후에 큰 딸이 아버지와 동침하고, 다음 날은 작은 딸이 아버지와 동침했다.
* 술의 힘을 빌려서 두 딸은 패륜적인 죄를 범했고, 아비인 롯은 죄를 짓고도 깨닫지 못했다.
* 술이 죄악의 무기로 사용되므로 상상할 수 없는 범죄가 저질러진 것이다.
* 사탄이 술을 사용하는 이유는 정상적인 판단과 분별력을 빼앗아가는 무기이기 때문이다.

3 평소 롯은 술에 대해서 어떤 자세를 보였을까?

* 롯과 그의 가족(두 딸)이 술을 가까이 했다는 것을 알 수 있다.
* 롯은 술에 대해서 가볍게 생각했기에 딸들이 주는 술을 생각 없이 마셨다.
* 평소에 술을 쉽게 마셨던 롯은 자신 뿐 아니라 후손들에게까지 악한 영향을 끼치고 만다.

4 술이 도구가 되어 생겨난 가문에 대해서 살펴보자. (창 19:36-38)

『[36]롯의 두 딸이 아버지로 말미암아 임신하고 [37]큰 딸은 아들을 낳아 이름을 모압이라 하였으니 오늘날 모압의 조상이요 [38]작은 딸도 아들을 낳아 이름을 벤암미라 하였으니 오늘날 암몬 자손의 조상이었더라』

* 롯은 자신이 마신 술이 어떤 결과를 가져올 지에 대해 전혀 생각하지 않고 마셨다.
* 술은 자신 뿐 아니라 딸들까지 범죄하게 했고, 롯은 부끄러운 조상이 되고 말았다.

❶ 모압 족속에 대해서 아는 대로 말해 보라. (사 16:6)

『우리가 모압의 교만을 들었나니 심히 교만하도다 그가 거만하며 교만하며 분노함도 들었거니와 그의 자랑이 헛되도다』

* '모압'이란 '아버지의 소생'이라는 뜻이다.(아버지와 동침해서 낳은 아들이다)
* 모압의 후손은 그모스라는 우상을 숭배했다.(왕상 11:7) 모압에는 미신적인 행위가 성행했고(렘 27:9), 그들은 교만했으며(렘 48:29), 거짓 만족에 취해서 살았다(렘 48:11).
* 그모스는 모압과 암몬 족속의 민족신으로 제물로 드려 불 가운데로 지나가게 한다.
* 모압은 앗수르와 바벨론의 지배를 받다가 기원전 5세기경 나바테아 왕국에 편입되었다. 나바테아 왕국은 기원전 2세기 전반 무렵에 페트라(현재 요르단 서쪽)를 중심으로 번영했으나, 기원전 63년에 로마의 속국이 되어 106년에 합병 형태로 멸망했다.

❷ 암몬 족속에 대해서 아는 대로 말해보라. (겔 25:7)

『그런즉 내가 손을 네 위에 펴서 너를 다른 민족에게 넘겨 주어 노략을 당하게 하며 너를 만민 중에서 끊어 버리며 너를 여러 나라 가운데에서 패망하게 하여 멸하리니 내가 주 여호와인 줄을 너희가 알리라 하셨다 하라』

* '암몬'이란 '근친의'라는 뜻이다. 암몬 족속은 요단강 동편 얍복강가 상류에 거주했다.
* 이스라엘 백성이 가나안 땅으로 가기 위해 길을 열어 달라고 했을 때 거절했고, 발람 선지자에게 이스라엘을 저주하라고 했다. 이스라엘과 적대적인 관계를 유지했다.
* 암몬 족속은 기질이 잔악하고 반항적이었고, 밀곰과 몰록이라는 우상을 섬겼다.(삼상 11:2, 렘 40:14, 암 1:14)
* 암몬은 앗수르의 속국이 되었고, 지금은 나라로서 존재하지 않고 패망하고 말았다.

5 로마서 13장 13절이 주는 교훈을 말해 보라.

『낮에와 같이 단정히 행하고 방탕하거나 술 취하지 말며 음란하거나 호색하지 말며 다투거나 시기하지 말고』

* 술 문화에 젖어 살면 죄에 대해서 무감각해진다.
* 술 때문에 성적인 죄를 범하고, 그 일로 고통스러워하는 사람들은 참으로 많다.

술에 중독되는 것은 시간문제다. 대부분의 사람들은 술에 대해서 '나는 얼마든지 절제할 수 있다'고 생각하지만, 좋은 일이나 나쁜 일이 생기면 폭음의 유혹에 넘어간다. 우리 속담에 '사자를 이긴 장사는 있어도 술을 이긴 장사는 없다'는 말이 있다. 술 중독에 빠지는 것은 그렇게 오래 걸리지 않는다. 술을 먹기 시작하면 술 중독에 빠지는 것은 시간 문제이기 때문이다.

2 술의 정체에 대해서 잠언 23장 29-35절을 통해서 살펴보자.

『[29]재앙이 뉘게 있느뇨 근심이 뉘게 있느뇨 분쟁이 뉘게 있느뇨 원망이 뉘게 있느뇨 까닭 없는 상처가 뉘게 있느뇨 붉은 눈이 뉘게 있느뇨 [30]술에 잠긴 자에게 있고 혼합한 술을 구하러 다니는 자에게 있느니라 [31]포도주는 붉고 잔에서 번쩍이며 순하게 내려가나니 너는 그것을 보지도 말지어다 [32]그것이 마침내 뱀 같이 물 것이요 독사 같이 쏠 것이며 [33]또 네 눈에는 괴이한 것이 보일 것이요 네 마음은 구부러진 말을 할 것이며 [34]너는 바다 가운데에 누운 자 같을 것이요 돛대 위에 누운 자 같을 것이며 [35]네가 스스로 말하기를 사람이 나를 때려도 나는 아프지 아니하고 나를 상하게 하여도 내게 감각이 없도다 내가 언제나 깰까 다시 술을 찾겠다 하리라』

1 술이 사람에게 끼치는 해악에 대해서 열거해 보라. (29-30절)

① 술은 재앙을 부른다. (롯이 술을 먹고 딸들과 동침한 것은 대재앙이라고 할 수 있다.)
② 술은 사람을 근심하게 한다.
③ 술은 분쟁하게 하고 원망하게 한다. (창 9:20-26)
④ 상처를 얻게 된다.
⑤ 눈이 충혈된다.

〉〉 **술을 통해서 이런 경험을 해 본 적이 있으면 솔직히 말해 보라.**

2 30절에 나타난 혼합한 술은 무엇을 말하는가?

* 혼합한 술은 너무 독해서 희석시킨 술이다
* 향료를 넣어서 맛을 내는 것이다.(칵테일, 폭탄주)
* 칵테일은 사람을 술로 끌어들이는 역할을 한다. 처음에는 술에 다른 음료를 섞어 먹이면서 술맛을 보게 한 후 술로 이끄는 방법이 될 수 있다.

3 술은 하나님의 형상대로 지음 받은 사람의 가치를 훼손시키는 결과를 가져온다. 술에 대한 자신의 생각을 말해 보라.

4 31절이 주는 교훈에 대해서 말해 보라.

* 술은 처음부터 가까이 하지 말아야 한다.
* 성경에는 술을 보지도 말라고 강력하게 권면하고 있다.
* 술을 보지도 말라고 하는 것은 술을 아주 강력하게 금하는 표현이다. 이는 술의 해악이 얼마나 큰 지 잘 보여주는 말씀이다.

5 술로 인한 고통을 32절을 통해서 살펴보고 각자의 경우를 말해 보라.

* 독사의 독은 피부색을 암적색으로 변하게 한다. 종창, 두통, 구토, 복통, 시력감퇴, 언어장애, 경련, 전신마비, 출혈, 쇼크 등으로 죽음에 이르게까지 한다.
* 독사에 물린 것처럼 큰 고통을 안겨 주는 것이 술이라고 말씀하고 있다.

〉〉 **술로 인해 경험한 고통이 있으면 말해 보라.**

6 33절을 통해 술로 인한 범죄에 대해서 말해 보라.

* 술을 먹으면 괴이한 것, 비정상적이고 헛된 것을 보게 되므로 죄를 범하게 된다.
* 구부러진 말을 하게 된다는 것은 평소 마음에 품었던 죄악을 말로 표현하게 되어, 말로서 범죄하게 되는 것을 말한다.

7 34-35절에서 술이 주는 세 가지 증세를 설명해 보라.

❶ 환각 증세 (34절)
* 바다와 돛대 위에 누웠다는 것은 술이 환각증세를 불러일으키기도 한다는 것을 의미한다.

❷ 무감각 증세 (35절)
* 술에 취하면 때려도 아프지 않고, 몸이 심각하게 상해도 감각이 없다.
* 나병에 걸린 사람처럼 감각이 없다는 것은 심각한 것이다.

❸ 중독증세 (35절)
* 정신을 차린 후 술을 다시 찾게 되는데 이는 술의 맛과 그 느낌을 잊을 수 없기 때문이다. 술은 사람을 중독에 빠뜨린다.

3 특별히 직분자는 술에 대해 어떤 자세를 가져야 하는지 디모데전서 3장 8절을 통해서 살펴보자.

『이와 같이 집사들도 정중하고 일구이언을 하지 아니하고 술에 인박히지 아니하고 더러운 이를 탐하지 아니하고』

* 집사의 자격 가운데 하나는 술에 인박히지 아니한 자여야 한다고 말씀하고 있다.
* 술을 먹기 시작하면 다음에 또 찾게 되고, 먹게 된다. 그러므로 술은 일단 먹기 시작하면 인박힌 자라고 할 수 있다.

4 에베소서 5장 18절이 주는 교훈을 말해 보라.

『술 취하지 말라 이는 방탕한 것이니 오직 성령으로 충만함을 받으라』

* 사도 바울이 살았던 시대의 타락도 술 때문이었다. 술로 인해 많은 범죄가 일어났다.

* 성령 충만함과 술 취함은 서로 대치된다. 결코 함께 할 수 없는 것이다. 술을 가까이하면 할수록 하나님과 멀어지게 되어 있다.

* 하나님은 성령 충만한 사람을 사용하시지만, 사단은 술을 통해 죄를 전염시킨다.

5 오늘 공부를 통해서 느낀 점과 결단한 것을 말해 보라.

◆ **성구암송**   로마서 13장 13절, 에베소서 5장 18절
◆ **큐   티**   에스더 4장 1–17절
◆ **독서과제**   순종 (배창돈 교회성장연구소)
◆ **생활과제**
◆ **성경읽기**

9과
격려와 권면

서론

다른 사람을 세워주고 이끌어 가는 것은 많은 노력과 섬김이 필요하지만 그만큼 보람도 큰 일이라고 할 수 있다. 여호수아는 모세를 통해, 디모데는 바울을 통해 다듬어지고 세워져서 리더로서의 역할을 잘 감당할 수 있게 되었다. 이 일은 오늘날 교회 안에서도 계속 되고 있다. 다른 사람을 영적으로 세워주는 데 있어 격려와 권면은 매우 중요하다. 격려와 권면은 어려움 속에서도 진리를 따라 온전한 생활을 하게 하는데 큰 도움을 주는 것이다.

적용할 말씀

1 히브리서 10장 19-25절의 내용을 살펴보자.

> 『[19]그러므로 형제들아 우리가 예수의 피를 힘입어 성소에 들어갈 담력을 얻었나니 [20]그 길은 우리를 위하여 휘장 가운데로 열어 놓으신 새로운 살 길이요 휘장은 곧 그의 육체니라 [21]또 하나님의 집 다스리는 큰 제사장이 계시매 [22]우리가 마음에 뿌림을 받아 악한 양심으로부터 벗어나고 몸은 맑은 물로 씻음을 받았으니 참 마음과 온전한 믿음으로 하나님께 나아가자 [23]또 약속하신 이는 미쁘시니 우리가 믿는 도리의 소망을 움직이지 말며 굳게 잡고 [24]서로 돌아보아 사랑과 선행을 격려하며 [25]모이기를 폐하는 어떤 사람들의 습관과 같이 하지 말고 오직 권하여 그 날이 가까움을 볼수록 더욱 그리하자』

1 본문을 알기 쉽게 요약해 보라.

우리는 예수님의 피로 지성소에 담대하게 들어갈 수 있게 되었다. 예수님께서 우리를 위해 길을 열어 놓으셨는데 휘장이 찢어지므로 가능해졌다. 휘장은 예수님의 몸이라고 할 수 있다. 하나님의 집을 다스리는 위대한 제사장을 우리가 모시고 있으니 진실한 마음과 확실한 믿음을 가지고 하나님께 나아가자. 하나님은 신실한 분이시다. 우리는 서로 돌아보고 사랑을 베풀며 선한 행동을 하도록 격려해야 한다. 어떤 사람들이 하는 것처럼 교회 모임에 빠지지 말고 그 날이 가까이 다가올수록 서로 격려해야 한다.

2 본문에서 발견할 수 있는 진리는 무엇이 있는지 찾아보자.

* 그리스도께서 우리를 용납해 주셨기에 우리가 하나님께 담대하게 나아갈 수 있다.
* 신실하신 하나님께서 우리에게 허락해 주신 천국에 대한 소망을 가지고 살아야 한다.
* 우리는 서로 사랑을 베풀고 선을 행하도록 격려하며 주님과 바른 관계를 갖도록 도와주어야 한다.
* 성도들은 마지막 때일수록 더욱 서로 격려해야 한다.

2 격려의 유익에 대해 히브리서 3장 13절을 통해서 살펴보자.

『오직 오늘이라 일컫는 동안에 매일 피차 권면하여 너희 중에 누구든지 죄의 유혹으로 완고하게 되지 않도록 하라』

* 권면을 통해서 죄의 유혹에서 벗어나게 되므로, 권면은 완고해지지 않도록 하는 데 도움을 준다.

〉〉 **다른 사람의 격려와 권면을 통해서 죄의 유혹을 이겨낸 경험이 있으면 말해 보자.**

3 격려란 어려움 속에서도 건강한 그리스도인이 되도록 도와주는 자상함이라고 할 수 있다. 또한 때에 맞는 말로 도움을 주는 것을 말한다. 아래 성경을 통해서 살펴보자.

1 잠언 16장 24절

『선한 말은 꿀송이 같아서 마음에 달고 뼈에 양약이 되느니라』

〉〉 **격려의 말을 무엇에 비유하고 있는가?**

* 선한 말은 바른길로 인도하는 유익이 되는 말이다.

2 잠언 25장 11절

『경우에 합당한 말은 아로새긴 은 쟁반에 금 사과니라』

* 물건을 담는 그릇이 아름다울 때 물건의 가치가 빛나는 것처럼 경우에 적합한 말을 할 때 가치가 돋보인다.
* 격려의 말은 경우에 합당한 말로 상황에 맞는 지혜로운 말이다.

〉〉 **꿀송이, 양약, 아로새긴 은쟁반에 금사과 라는 말을 들으면 어떤 느낌이 드는가?**

* 어떤 말로 격려할 것인가를 생각해야 한다.

4 말은 영향력이 있다. 자신은 어떤 말을 자주 한다고 생각하나? (엡 4:29)

『무릇 더러운 말은 너희 입 밖에도 내지 말고 오직 덕을 세우는 데 소용되는 대로 선한 말을 하여 듣는 자들에게 은혜를 끼치게 하라』

❶ 더러운 말에는 어떤 말이 있나?

* 험담하는 말, 비하하는 말, 부정적인 말, 좌절감을 주는 말.

❷ 선한 말에는 어떤 말이 있나?

* 격려하는 말, 긍정적인 말, 용기를 주는 말, 바른 길로 인도하는 말 등이 있다.
* 격려는 용기를 주어 다시 도전할 수 있게 하고 변화를 이끌어 준다.
   - 좋은 예 - "적용을 더 구체적으로 하면 훌륭한 큐티가 되겠네요. 전보다 훨씬 잘했어요."
   - 나쁜 예 - "전에 그렇게 가르쳐 드렸는데도 아직도 적용을 그렇게 하세요?"

5 격려를 할 때 어떻게 듣고 어떻게 말해야 할까?

1 잠언 18장 13절

『사연을 듣기 전에 대답하는 자는 미련하여 욕을 당하느니라』

* 선입견을 가지고 속단해서 미리 말을 할 때 상대방은 마음의 문을 닫아 버린다.
* 다 듣지도 않고 대답하는 것은 어리석은 짓으로 수치를 당할 수 있다.
* 합당한 말을 하려면 잘 들어야 한다.

〉〉 **사연을 듣기 전에 급하게 먼저 말해서 실수한 경험이 있으면 말해 보라.**

2 야고보서 1장 19절

『내 사랑하는 형제들아 너희가 알지니 사람마다 듣기는 속히 하고 말하기는 더디 하며 성내기도 더디 하라』

〉〉 이 말씀을 보며 격려자로서 당신에게 고쳐야 할 태도가 있다면 무엇인지 말해 보라.

* 다른 사람의 말을 집중해서 끝까지 들어 주는 것이 격려의 시작이다.
* 경청하면 상대방을 충분히 알 수 있고, 할 말을 신중하게 생각해서 할 수 있다.
* 상대방이 어떤 말을 해도 성내는 것은 옳지 않다.

6 아래 성경을 통해 말이 가져오는 두 가지 상반된 결과에 대해서 살펴보자.

1 잠언 15장 1절

『유순한 대답은 분노를 쉬게 하여도 과격한 말은 노를 격동하느니라』

* 유순한 대답으로 상대방의 분노를 가라앉힐 수 있다고 한다. 과격한 말은 노를 더 격하게 한다.

〉〉 당신의 대답은 어떤 유형의 대답인지 말해 보라.

2 잠언 15장 4절

『온순한 혀는 곧 생명나무이지만 패역한 혀는 마음을 상하게 하느니라』

* 온순한 혀(부드럽고 온화한 혀)를 '생명나무'라고 표현하는 것은 온순한 혀가 사람을 살린다는 뜻이다.
* 온순한 말은 호의가 가득한 말이라고 할 수 있다.
* 패역한 혀(중상과 거짓으로 가득한 혀)

〉〉 말로 다른 사람의 마음을 상하게 한 경험이 있으면 말해 보라.

7 아래 내용은 격려자의 자세로 합당하지 못한 것들이다. 자신이 고쳐야 할 점이 무엇인지 살펴보자.

❶ 자기를 방어하는 말
* 자신의 입장을 이해 받기 위한 자세로 자기중심적인 잘못된 변명을 할 수 있다.

❷ 형식적인 대화
* 진정성이 없는 태도로 대화를 단절시킨다.

❸ 비꼬는 말
* 비꼬는 말이 상대방에게 상처를 주는 경우가 많다.

❹ 상대방을 고치기 위해 강요하는 말
* 강요하기보다 설득하는 것이 마음을 더 열 수 있다.

❺ 성급한 충고
* 신중히 듣지 않고 일방적으로 하는 충고는 격려가 되지 못한다.

〉〉 각자 자신의 문제점을 말해보고, 고치기 위해서 어떤 노력을 할 것인지 말해 보라.

8 격려자가 가져야 할 대화의 태도를 아래 내용을 통해서 배우도록 하자.

❶ 진지한 자세를 취하라.
* 팔짱을 끼거나 다리를 꼬고 앉는 자세는 바람직하지 않다.
* 진지하지 않은 자세는 상대방의 마음을 멀어지게 만든다.

❷ 몸을 앞으로 기울이라.
* 몸과 머리를 뒤로 젖히는 것보다 앞으로 약간 굽힌 자세가 경청하는 태도이다.
* 관심과 사랑을 가지고 있음을 보여주는 자세이다.

❸ 눈으로 들어주라.

* 시선을 마주할 때 상대가 자신의 말을 잘 듣고 있다는 것을 느낄 수 있다.

* 다른 곳을 바라보거나 깊은 생각에 잠겨 있는 모습, 시계를 들여다보는 모습 등은 상대에게 안정감을 줄 수 없고, 관심이 다른 데 있다고 느끼게 한다.

❹ 자연스럽고 편안하게 대하라.

* 긴장하거나 경직된 상태에서 듣지 말고 긴장을 풀고 들어야 한다.

* 상대의 말에 같이 흥분하고 분노하는 것은 바람직하지 않다.

* 마음속으로 성령께 지혜를 구하며 대화하면 편안함을 유지할 수 있다.

〉〉 격려자로서 대화할 때의 태도에서 어떤 부분이 부족하다고 생각되는가?

9 오늘 주신 말씀을 통해서 느낀 점과 결단한 것을 말해 보라.

◆ **성구암송**　　에베소서 4장 29절, 히브리서 3장 13절
◆ **큐　　티**　　사도행전 18장 4-11절
◆ **독서과제**　　 영적 갓난아이를 격려하려면 IVP 소책자 시리즈11(마이클 그리피스, IVP)
◆ **생활과제**
◆ **성경읽기**

10과
아버지의 마음

서론

한 사람을 온전하게 하여 봉사의 일을 하도록 하기까지는 오랜 시간 동안 섬겨야 한다. 어떤 때는 마음의 아픔을 겪으며 하나님께 기도하며 기다려야 한다. 한 사람이 동역자로 세워지는 것은 쉽게 이루어지는 것이 아니다. 믿음의 선배들의 헌신과 사랑이 있어야 한다. 이 세상에서 가장 큰 사랑은 아버지의 사랑이다. 아버지의 마음으로 영혼을 섬기는 것이 얼마나 큰 힘이 있는지 살펴보자.

적용할 말씀

1 누가복음 15장 11-24절 말씀을 읽고 아래 물음에 답하라.

『[11]또 이르시되 어떤 사람에게 두 아들이 있는데 [12]그 둘째가 아버지에게 말하되 아버지여 재산 중에서 내게 돌아올 분깃을 내게 주소서 하는지라 아버지가 그 살림을 각각 나눠 주었더니 [13]그 후 며칠이 안 되어 둘째 아들이 재물을 다 모아 가지고 먼 나라에 가 거기서 허랑방탕하여 그 재산을 낭비하더니 [14]다 없앤 후 그 나라에 크게 흉년이 들어 그가 비로소 궁핍한지라 [15]가서 그 나라 백성 중 한 사람에게 붙어 사니 그가 그를 들로 보내어 돼지를 치게 하였는데 [16]그가 돼지 먹는 쥐엄 열매로 배를 채우고자 하되 주는 자가 없는지라 [17]이에 스스로 돌이켜 이르되 내 아버지에게는 양식이 풍족한 품꾼이 얼마나 많은가 나는 여기서 주려 죽는구나 [18]내가 일어나 아버지께 가서 이르기를 아버지 내가 하늘과 아버지께 죄를 지었사오니 [19]지금부터는 아버지의 아들이라 일컬음을 감당하지 못하겠나이다 나를 품꾼의 하나로 보소서 하리라 하고 [20]이에 일어나서 아버지께로 돌아가니라 아직도 거리가 먼데 아버지가 그를 보고 측은히 여겨 달려가 목을 안고 입을 맞추니 [21]아들이 이르되 아버지 내가 하늘과 아버지께 죄를 지었사오니 지금부터는 아버지의 아들이라 일컬음을 감당하지 못하겠나이다 하나
[22]아버지는 종들에게 이르되 제일 좋은 옷을 내어다가 입히고 손에 가락지를 끼우고 발에 신을 신기라 [23]그리고 살진 송아지를 끌어다가 잡으라 우리가 먹고 즐기자 [24]이 내 아들은 죽었다가 다시 살아났으며 내가 잃었다가 다시 얻었노라 하니 그들이 즐거워하더라』

2 아들이 아버지께 돌아오는 과정을 살펴보면서 하나님께서 아들에게 어떤 마음을 원하시는지 살펴보자.

1 누가복음 15장 17절

*아버지의 사랑을 받고 아버지 집에 살 때에 풍족함을 생각하고 있다.

〉〉 하나님의 사랑 가운데 살 때 하나님께서 베풀어 주신 사랑을 말해 보라.

2 누가복음 15장 18절

* 하나님과 아버지께 지은 죄를 깨닫고 아버지께로 돌아가기로 결정한다.

〉〉 지금이라도 잘못을 깨닫고 회개하고 믿음의 결정을 해야 할 것이 있으면 말해보라.

3 누가복음 15장 19절

* 지은 죄에 대해 죄값을 받아야 한다는 사실을 고백하고 있다.
* 자신의 지은 죄에 대해 깨달으면 회복의 기회가 있다.
* 죄를 짓고도 죄임을 모르거나, 죄 값을 피해가려고 하거나, 하나님 아버지께 돌아가기 보다는 인간적인 방법을 사용하여 멀리 도망치려고 하면 회복이 없다.

〉〉 자신이 해결받지 못한 죄 문제가 있다면 어떻게 해야 할까?

4 누가복음 15장 20절

『이에 일어나서 아버지께로 돌아가니라 아직도 거리가 먼데 아버지가 그를 보고 측은히 여겨 달려가 목을 안고 입을 맞추니』

* 완전한 회복을 위해서는 아버지께로 돌아가는 용기가 필요하다.
* 모든 초점을 아버지께 돌아가는데 둔다면 사람을 의식하는 두려움을 극복할 수 있다
* 자신의 회복이 아버지께 돌아가는데 있다는 확신으로 아버지께로 돌아갔다.
* 아버지는 이런 아들을 아무런 조건 없이 받아 주었다.

〉〉 하나님이 인생 문제의 완전한 해결자이심을 믿는다면 지금 해야 할 일이 무엇인가?

3 지도자에게 필요한 마음이 아버지의 마음이다. 왜 아버지의 마음이 되어야 할까?

* 하나님께서 허랑방탕한 삶을 살았던 우리를 자녀로 받아 주시고 보호자가 되셨기 때문이다.
* 어떤 허물이라도 용서해 주셨기 때문이다.

〉〉 당신이 하나님의 품으로 돌아올 때까지 인내하며 기다려주셨다는 것에 대해 어떤 느낌이 드는가?

4 누가복음 15장 20절에서 아버지를 통해 어떤 마음을 배울 수 있는가?

『이에 일어나서 아버지께로 돌아가니라 아직도 거리가 먼데 아버지가 그를 보고 측은히 여겨 달려가 목을 안고 입을 맞추니』

* 아버지는 하루도 빠짐없이 아들이 떠난 곳을 바라보며 돌아오기를 간절하게 기다렸다
* 아버지는 아들이 돌아올 때까지 포기하지 않고 기다렸다.
* 둘째 아들이 아버지의 모든 재산을 탕진하고 돌아왔지만, 오히려 아버지는 불쌍히 여기며 목을 안고 기쁨을 주체하지 못하고 있다.

〉〉 아버지 마음 중에 어떤 모습이 감동적인가?

5 아들에 대한 아버지의 마음은 성도들이 가져야 할 마음이다. 아래 성경을 보며 배우도록 하자.

1 빌립보서 4장 5절

『너희 관용을 모든 사람에게 알게 하라 주께서 가까우시니라』

* 관용은 이해할 수 없는 행동이나 손해를 끼친 사람에 대해서 용서하는 마음을 가지는 것을 말한다.

* 주께서 오실 날이 가까운 오늘날 성도들에게 필요한 것이 관용임을 말씀하고 있다.

>> **관용함으로 유익했던 경험이 있으면 말해 보라.**

2 야고보서 3장 17절

『오직 위로부터 난 지혜는 첫째 성결하고 다음에 화평하고 관용하고 양순하며 긍휼과 선한 열매가 가득하고 편견과 거짓이 없나니』

* 위로부터 난 지혜는 하나님께서 주시는 지혜이다.
* 관용은 하나님께서 주시는 지혜이다.

>> **하늘로부터 오는 지혜를 달라고 기도할 때 하나님께서 주신다는 사실 앞에 어떤 생각이 드는가?**

3 디도서 3장 2절

『아무도 비방하지 말며 다투지 말며 관용하며 범사에 온유함을 모든 사람에게 나타낼 것을 기억하게 하라』

* 비방하는 습관이 있다면 빨리 고쳐야 한다.
* 비방은 다툼을 일으키지만 관용하고 모든 일에 온유할 때 다른 사람을 변화시키게 됨을 알아야 한다.

6 아래 성경을 통해서 어떤 성품을 가져야 하는지 살펴보라.

1 마태복음 5장 7절

『긍휼히 여기는 자는 복이 있나니 그들이 긍휼히 여김을 받을 것임이요』

* '긍휼'이란 '죄에 대한 용서'와 '약한 자를 동정한다' 는 뜻이 있다.
* 영혼을 향해 가져야 할 마음은 긍휼히 여기는 마음이다.
* 긍휼히 여길 때, 하나님으로부터 긍휼히 여김을 받을 수 있다.

〉〉 하나님께서 우리를 긍휼히 여기지 않으시면 어떻게 될까?

2 잠언 19장 11절

『노하기를 더디 하는 것이 사람의 슬기요 허물을 용서하는 것이 자기의 영광이니라』

* 지혜로운 사람은 쉽게 화를 내지 않는다.
* 남의 허물을 용서해 주는 것은 자신에게 영광이 된다.
* 아버지의 마음을 가지면 가능하다.

7 고린도전서 4장 15절이 주는 교훈을 살펴보자.

『그리스도 안에서 일만 스승이 있으되 아버지는 많지 아니하니 그리스도 예수 안에서 내가 복음으로써 너희를 낳았음이라』

* 스승과 같은 마음을 가진 자는 많지만 아버지의 마음을 가진 자가 많지 않은 것에 대한 하나님의 안타까움을 느낄 수 있는 내용이다.
* 영적인 지도자는 갓 믿은 성도들을 볼 때 하나님 아버지의 마음으로 보아야 한다.

〉〉 아버지의 마음을 가지기 위해 해야 할 것이 무엇인지 말해보라.

8 오늘 공부를 통해서 느낀 점과 결단한 것을 말해 보라.

- ◆ **성구암송** 야고보서 3장 17절, 디도서 3장 2절
- ◆ **큐 티** 호세아서 1장 1-9절
- ◆ **독서과제** 천국 (배창돈, 교회성장연구소)
- ◆ **생활과제**
- ◆ **성경읽기**

11과
사역과 믿음

서론

하나님은 우리의 믿음을 보고 일하신다. 그러므로 믿음이 없이는 사역의 열매를 기대할 수 없다. 하나님께 인정받는 믿음의 사람으로 살 때 하나님께서 우리를 통해서 일하시고 영광을 받으시는 것이다. 그러므로 아무리 유능한 사역자라도 믿음을 하나님께 인정받지 못하면 헛수고할 가능성이 많다. 세상의 풍조에 속아 겉만 그럴듯하게 포장된 신앙생활을 한다면 아무 것도 얻을 수 없는 실패한 인생이 되고 말 것이다. 하나님이 원하시는 믿음을 사모하자.

적용할 말씀

1 마가복음 2장 1-12절이 주는 교훈을 살펴보자.

>『[1]수 일 후에 예수께서 다시 가버나움에 들어가시니 집에 계시다는 소문이 들린지라 [2]많은 사람이 모여서 문 앞까지도 들어설 자리가 없게 되었는데 예수께서 그들에게 도를 말씀하시더니 [3]사람들이 한 중풍병자를 네 사람에게 메워 가지고 예수께로 올새 [4]무리들 때문에 예수께 데려갈 수 없으므로 그 계신 곳의 지붕을 뜯어 구멍을 내고 중풍병자가 누운 상을 달아 내리니 [5]예수께서 그들의 믿음을 보시고 중풍병자에게 이르시되 작은 자야 네 죄 사함을 받았느니라 하시니 [6]어떤 서기관들이 거기 앉아서 마음에 생각하기를 [7]이 사람이 어찌 이렇게 말하는가 신성 모독이로다 오직 하나님 한 분 외에는 누가 능히 죄를 사하겠느냐 [8]그들이 속으로 이렇게 생각하는 줄을 예수께서 곧 중심에 아시고 이르시되 어찌하여 이것을 마음에 생각하느냐 [9]중풍병자에게 네 죄 사함을 받았느니라 하는 말과 일어나 네 상을 가지고 걸어가라 하는 말 중에서 어느 것이 쉽겠느냐 [10]그러나 인자가 땅에서 죄를 사하는 권세가 있는 줄을 너희로 알게 하려 하노라 하시고 중풍병자에게 말씀하시되 [11]내가 네게 이르노니 일어나 네 상을 가지고 집으로 가라 하시니 [12]그가 일어나 곧 상을 가지고 모든 사람 앞에서 나가거늘 그들이 다 놀라 하나님께 영광을 돌리며 이르되 우리가 이런 일을 도무지 보지 못하였다 하더라』

1 중풍병자에게 예수님을 만나게 해 주려고 네 사람이 한 일은 무엇인가? (3-4절)

* 걸을 수 없는 중풍병자를 들것에 들고 왔지만 사람이 너무 많아서 예수님이 계신 곳으로 갈 수 없게 되자 지붕 위로 올라가서 지붕을 뜯고 중풍병자가 누운 들것을 달아 내렸다.

2 마가복음 2장 5절과 8절을 통해서 예수님이 어떤 분이신지 말해보라.

* 죄를 사하는 권세가 있는 분이다. 서기관들의 마음을 꿰뚫어 보셨다.
* 사람이 어떤 의도로 무슨 생각하고 있는 지 다 아시는 분이다.

* 인간 스스로 도무지 해결할 수 없는 죄 문제를 해결할 수 있는 분이다.

〉〉 **하나님께서 내 마음의 의도까지 다 꿰뚫어 보고 계신다는 사실 앞에서 어떻게 살아야 할까?**

* 우리의 마음을 샅샅이 살피시는 주님을 항상 의식하며 살아야 한다.

2 언급하지 않은 것을 통해 예수님은 그들의 어떤 조건도 보지 않고 믿음만 보신다는 사실을 알 수 있다. 히브리서 11장 6절을 통해 느낀점을 말해보라.

『믿음이 없이는 하나님을 기쁘시게 하지 못하나니 하나님께 나아가는 자는 반드시 그가 계신 것과 또한 그가 자기를 찾는 자들에게 상 주시는 이심을 믿어야 할지니라』

* 하나님은 사람을 볼 때 그 어떤 것보다 믿음을 보고 기뻐하신다.

〉〉 **하나님을 기쁘시게 해 드리는 믿음을 가지기 위해 어떤 노력을 하고 있나?**

3 주님으로부터 인정을 받은 네 사람으로부터 배워야 할 믿음에 대해 아래 성경을 통해서 살펴보자.

1 요한복음 13장 35절

『너희가 서로 사랑하면 이로써 모든 사람이 너희가 내 제자인줄 알리라』

* 이들에게는 한 영혼을 사랑하는 믿음이 있었다.
* 사람들은 자신의 이익이 되는 사람에게 관심이 있다. 그러나 네 사람은 기대할 것 없는 중풍병자를 사랑했다.

〉〉 **예수님이 원하시는 사랑을 실천하기 위해서 어떤 노력을 하고 있는가?**

2 누가복음 19장 10절

『인자가 온 것은 잃어버린 자를 찾아 구원하려 함이니라』

* 네 사람은 중풍병자가 죄 사함을 받고 구원을 받도록 했다.
* 이는 예수님께서 이 땅에 오신 목적과 일치하는 사역을 한 것이다.
* 이 사역은 예수님의 본질적인 사역이라고 할 수 있다.
* 예수님은 한 영혼을 천하보다 귀하게 여기시기 때문에 이들을 귀하게 보셨다.

>> **한 영혼을 진정으로 귀하게 여기고 사랑하는 마음이 있는가? 그렇다면 어떻게 증명할 수 있는가?**

3 마태복음 23장 11절

『너희 중에 큰 자는 너희를 섬기는 자가 되어야 하리라』

* 네 사람은 친구를 살리기 위해 희생적으로 섬겼다.
* 지붕을 뜯고 원상 복구를 하기 위해 시간과 물질도 필요했을 것이다.
* 섬김의 자세가 되어 있었기에 한 영혼을 구원했다.

4 요한복음 17장 11절

『나는 세상에 더 있지 아니하오나 그들은 세상에 있사옵고 나는 아버지께로 가옵나니 거룩하신 아버지여 내게 주신 아버지의 이름으로 그들을 보전하사 우리와 같이 그들도 하나가 되게 하옵소서』

* 예수님께서 인정하시는 믿음은 하나님의 뜻을 이루어드리기 위해 합심하는 것이다.
* 중풍병자를 구하기 위해서 네 사람이 합심했다.
* 한 영혼을 살리기 위해 합심하는 것을 하나님은 귀하게 보셨다.

* 우리는 성격과 성장 배경, 취미, 환경이 다 다르다. 그러나 선한 목적을 위해서 하나가 되어야 한다.

〉〉 복음 전파를 위해 하나가 되고 있는가? 하나가 될 때 어떤 유익이 있는가?

4 하나님께서 만드신 공동체인 교회에서 부름 받은 하나님의 백성으로서 힘써야 할 것은 무엇인가? 에베소서 4장 1-3절을 통해서 살펴보자.

『[1]그러므로 주 안에서 갇힌 내가 너희를 권하노니 너희가 부르심을 받은 일에 합당하게 행하여 [2]모든 겸손과 온유로 하고 오래 참음으로 사랑 가운데서 서로 용납하고 [3]평안의 매는 줄로 성령이 하나 되게 하신 것을 힘써 지키라』

1 부르심을 받은 사람으로서의 합당한 삶을 열거해 보라.

* 겸손하고 온유하며 오래 참고 사랑으로 용납해야 한다. 우리는 성령 안에서 평화의 매는 끈으로 한 몸이 되었으므로 하나 되기를 더욱 힘써야 한다.

〉〉 이 가운데 당신에게 가장 부족한 것이 무엇인가?

2 하나가 되기 위해 어떻게 힘써야 할까?

* 항상 성령님의 뜻을 구하고, 평안을 추구해야 한다.
* 내 뜻대로 행할 때 불화하고 분쟁이 일어나게 된다.

〉〉 하나가 되기 위해서 노력하고 있는 것이 무엇인지 말해 보라.

3 골로새서 1장 18절을 보면 하나가 되는 길을 알 수 있다. 어떻게 하면 하나가 될 수 있는가?

『그는 몸인 교회의 머리시라 그가 근본이시오 죽은 자들 가운데서 먼저 나신 이시니 이는 친히 만물의 으뜸이 되려 하심이요』

* 머리 되신 주님의 뜻을 따르는 것은 주님의 말씀에 순종하는 것을 의미한다.
* 머리 되신 주님의 뜻을 따르면 자연스럽게 하나가 될 수 있다.

〉〉 머리 되신 주님의 뜻을 무시하고 내 마음대로 행동하고 있는 것은 무엇인가?

* 하나가 되지 않는 교회는 교회의 역할을 감당할 수 없다. 그러므로 지도자들이 하나가 되는 것이 무엇보다도 중요하다.

5 교회 내 지도자들을 살펴보면 두 그룹이 존재한다. 중풍병자를 데려온 네 사람과 같은 그룹과, 서기관 그룹이 있다. 서기관들의 문제는 무엇이라고 할 수 있나? 아래 성경을 통해서 살펴보자.

1 마가복음 2장 6-7절

『[6]어떤 서기관들이 거기 앉아서 마음에 생각하기를 [7]이 사람이 어찌 이렇게 말하는가 신성 모독이로다 오직 하나님 한 분 외에는 누가 능히 죄를 사하겠느냐』

* 서기관들은 자신들의 지식과 전통을 주장하며 예수님을 정죄하고 비난했다.
* 영혼 살리는 일에는 무관심했다.
* 그들의 관심은 자신들을 드러내고 자신들의 주장이 인정받는 것이었다.
* 교회 안에서 다른 사람의 잘못만 들추는 사람은 서기관과 같은 기질을 가진 사람이라고 할 수 있다.

〉〉 각자 서기관과 같은 성향은 없는지 자신에게서 찾아보자.

2 마가복음 12장 39절

『회당의 높은 자리와 잔치의 윗자리를 원하는 서기관들을 삼가라』

* 서기관들은 회당에서 높은 자리를 좋아하고, 잔치에서도 윗자리를 좋아했다.
* 서기관들은 인정받기를 좋아하는 사람들이었다.

〉〉 높은 자리, 인정받는 자리를 좋아하지 말아야 할 이유가 무엇인가?

* 예수님께서 좋아하시지 않기 때문이다.

6 좋은 믿음은 예수님께서 중요하게 여기시는 본질적인 사역에 집중해서 인정을 받게 된다. 물론 최상의 결과도 얻게 된다. 오늘 공부를 통해서 느끼고 결단한 것이 있으면 말해 보라.

* 좋은 믿음은 오직 한 영혼을 살리는 일에 마음과 힘을 다한다.
* 좋은 믿음은 한 영혼을 전도하고 살리기 위해서 물질과 시간과 재능을 가지고 섬긴다.
* 믿음의 사람은 사람들로부터 인정받고 자신을 드러내는 일에는 관심이 없다.
* 믿음의 사람은 하나님의 뜻을 행하기 위해 노력하는 사역자이다.

◆ **성구암송**　요한복음 13장 35절, 히브리서 11장 6절
◆ **큐　　티**　사도행전 25장 13-26절
◆ **독서과제**
◆ **생활과제**
◆ **성경읽기**

12과
사역과 상급

서론

세상에서 사람들이 열심히 일하는 이유는 합당한 대가를 기대하기 때문이다. 사람들은 누구나 상급을 좋아한다. 믿음의 사람들도 하나님께서 주시는 상급을 바라보며 사역해야 한다. 하나님께서는 우리에게 믿음으로 영생의 선물을 주시고 하나님의 자녀라는 권세를 주셨다. 그 자녀들에게 상 주시기를 기뻐하시고 상급을 준비하고 계신다. 행한 대로 갚아 주시는 하나님께 받을 상급을 기대하는 것은 우리의 신앙생활에 활력을 불어넣어 준다. 하나님의 일을 하면서 때로는 지치고 손을 놓고 싶은 유혹을 받기도 하지만, 떨치고 일어설 수 있는 것은 상급을 준비하고 계시는 주님을 바라보기 때문이다.

적용할 말씀

1 고린도전서 9장 24-25절이 주는 교훈을 살펴보라.

『[24]운동장에서 달음질하는 자들이 다 달릴지라도 오직 상을 받는 사람은 한 사람인 줄을 너희가 알지 못하느냐 너희도 상을 받도록 이와 같이 달음질하라 [25]이기기를 다투는 자마다 모든 일에 절제하나니 그들은 썩을 승리자의 관을 얻고자 하되 우리는 썩지 아니할 것을 얻고자 하노라』

1 내용을 쉬운 말로 요약해 보라.

『경기장에서 달리는 사람 중에 상 받는 사람은 한 명뿐이다. 경기에 임하는 사람은 모든 면에서 자기를 절제한다. 썩어 없어질 면류관을 얻기 위해서도 절제를 하는데, 하물며 썩지 않을 면류관을 받을 우리는 더욱더 달려가야 할 것이다.』

2 '오직 상을 받는 사람은 한 사람'이라는 의미는 무엇을 말하는가?

* 신앙의 경주는 최선을 다해야 하나님께서 준비하신 상급을 받는 최후의 승리자가 될 수 있음을 말씀하고 있다.

3 25절을 통해서 느낀 점을 말해 보라.

* 자신에게 주어진 권리까지 포기하고 절제하면서 썩지 않을 승리의 면류관을 소망해야 한다는 것을 강조하고 있다.

〉〉 썩지 아니할 상급을 받기 위해서 절제하거나 노력하고 있는 것이 있다면 무엇이라고 생각하나?

2 구원받은 자녀에게 하나님께서 준비하시는 상급이 없다면 우리가 어떻게 살게 될까?

① 하나님의 뜻보다 내 뜻, 내 욕심, 내 만족을 위해서 살려고 할 것이다.
② 불신자의 삶이나 크게 차이가 없을 것이다.
③ 섬기고 희생하는 삶을 기대할 수 없을 것이다.
④ 구원 받은 것으로만 만족하고 살 것이다.

〉〉 상급에 대한 기대감을 가진 이후에 어떤 변화가 있었는가?

3 하늘나라 상급에 대해서 우리에게 알려 주신 이유는 무엇일까? 믿음의 사람은 상급에 대해서 어떤 자세를 가졌는지 살펴보자.

❶ 모세 (히 11:26)

『그리스도를 위하여 받는 수모를 애굽의 모든 보화보다 더 큰 재물로 여겼으니 이는 상 주심을 바라봄이라』

* 모세는 훗날 받을 상을 위해서 이 땅에서의 수모를 선택했다.
* 수모를 좋아서 선택했을까? 아니다. 상에 대한 기대감 때문에 수모를 견딘 것이다.

❷ 바울 (딤후 4:8)

『이제 후로는 나를 위하여 의의 면류관이 예비되었으므로 주 곧 의로우신 재판장이 그 날에 내게 주실 것이며 내게만 아니라 주의 나타나심을 사모하는 모든 자에게도니라』

* 자신에게 의의 면류관이 예비되었다고 자신 있게 말하는 것을 통해서 바울은 하늘나라의 상급에 대한 기대감을 가지고 사역했음을 알 수 있다.
* 바울은 이 땅에서의 훈련과 충성의 대가로 하나님께서 반드시 상급을 준비해 주신다는 것을 믿었다.

4 하늘 상급을 생각하며 사는 사람의 자세에 대해서 디모데후서 4장 7절을 통해서 살펴보자.

『나는 선한 싸움을 싸우고 나의 달려갈 길을 마치고 믿음을 지켰으니』

〉〉 바울이 자신의 믿음의 생활을 '싸웠다'고 표현하는 이유가 무엇이었을까?

* 바울은 전투하는 군인처럼 살았다.(군인은 자신의 일을 포기하고 생명을 걸고 싸운다.)
* 전쟁에서 이기고 올림픽에서 메달을 따기 위해서는 먼저 자신과의 싸움에서 승리해야 한다.

5 하늘나라 상급을 소망으로 삼고 사역한 바울에 대해서 살펴보자.

1 고린도전서 9장 23-24절

『[23]내가 복음을 위하여 모든 것을 행함은 복음에 참여하고자 함이라 [24]운동장에서 달음질하는 자들이 다 달릴지라도 오직 상을 받는 사람은 한 사람인 줄을 너희가 알지 못하느냐 너희도 상을 받도록 이와 같이 달음질하라』

* 바울은 더 많은 사람을 구원하기 위해 일등을 위해 달리는 선수처럼 온 힘을 다해 달렸다.
* 바울은 자신만 하늘의 상을 받는 자가 아니라 모든 성도들이 복음 전파의 상 받기를 간절히 원하고 있다.

〉〉 복음을 전하기 위해 온 힘을 다하고 있는 일이 있으면 말해보라.

2 사도행전 20장 24절

『내가 달려갈 길과 주 예수께 받은 사명 곧 하나님의 은혜의 복음을 증언하는 일을 마치려 함에는 나의 생명조차 조금도 귀한 것으로 여기지 아니하노라』

* 생명조차 아까워하지 않고 사역했다.

>> **전도자 바울의 확신에 찬 고백을 보면서 어떤 느낌을 받는가?**

6 아래 성경을 통해서 느낀 점을 말해 보라.

1 갈라디아서 6장 9절

『우리가 선을 행하되 낙심하지 말지니 포기하지 아니하면 때가 이르매 거두리라』

* 낙심하거나 포기하지 않으면 반드시 거둘 때가 온다.
* 때가 되면 거둔다는 말씀은 하나님께서 열매를 주신다는 것이다.
* 심은 대로 반드시 거두기 때문에 어떤 상황에서도 낙심하거나 포기하는 것은 어리석은 것이다.

2 디모데전서 6장 18-19절

『[18]선을 행하고 선한 사업을 많이 하고 나누어 주기를 좋아하며 너그러운 자가 되게 하라 [19]이것이 장래에 자기를 위하여 좋은 터를 쌓아 참된 생명을 취하는 것이니라』

* 이 땅에서 하나님의 뜻 가운데 선을 행하는 것은 장래에 좋은 터를 쌓는 것이다.
* 이 세상은 잠깐이지만 우리가 가게 될 천국은 영원한 처소이다.

(롬 8:18)『생각하건대 현재의 고난은 장차 우리에게 나타날 영광과 비교할 수 없도다』

* 오늘 눈물로 섬긴 것은 장래에 큰 축복으로 다가온다.
* 오늘 섬긴 것은 장래에 받을 영광과 비교되지 않는다.

3 에베소서 6장 7-8절

『[7]기쁜 마음으로 섬기기를 주께 하듯 하고 사람들에게 하듯 하지 말라 [8]이는 각 사람이 무슨 선을 행하든지 종이나 자유인이나 주께로부터 그대로 받을 줄을 앎이라』

〉〉 이 말씀에 비추어 볼 때 섬김의 자세에 문제는 없는가? 고쳐야 할 자세가 있으면 말해보라.

* 어떤 섬김도 기쁜 마음으로 주님을 섬기듯이 해야 할 이유는 주님으로부터 그대로 받기 때문이다.
* 바울은 주님으로부터 상급을 그대로 받는다는 확신 때문에 죽기까지 최선을 다했다.
* 성도들도 상급을 바라보고 최선을 다해 기쁜 마음으로 섬기라고 말씀하고 있다.

7 이 땅에서의 보상에 대해서는 어떤 자세를 가져야 하는지 말해 보라. (눅 1:13-14)

『[13]잔치를 베풀거든 차라리 가난한 자들과 몸 불편한 자들과 저는 자들과 맹인들을 청하라 [14]그리하면 그들이 갚을 것이 없으므로 네게 복이 되리니 이는 의인들의 부활시에 네가 갚음을 받겠음이라 하시더라』

* 이 땅에서 보상을 받는 것에 연연하지 마라.
* 보상을 받지 못할 사람에게 베풀어야 할 이유는 주님께서 반드시 갚아주시기 때문이다.

〉〉 이 땅에서 인정받지 못하고 대가를 받지 못해서 섭섭해 한 적이 있는가?

* 우리는 이 땅에서 빨리 보상을 받고 싶어 한다. 그러나 주님으로부터 보상받는 것을 기대해야 한다. 주님께서 보상해 주실 것에 대한 확신을 가지면 이 땅에서 보상을 받지 못해도 서운하지 않다.
* 하늘나라 상이 있음을 아는 사람은 남이 내 수고를 알아주지 않아도 흔들림이 없이 수고한다. 하나님께서 꼭 알아주신다고 약속하셨기 때문이다.
* 주님께서 약속한 상급이 우리를 기다리고 있다.

8 예수님은 하늘나라 상급을 보며 일한 사람을 어떻게 생각하실까? (계 22:12)

『보라 내가 속히 오리니 내가 줄 상이 내게 있어 각 사람에게 그가 행한 대로 갚아 주리라』

* 예수님은 우리가 상 받는 것을 너무나 기뻐하시기 때문에 빨리 오셔서 상 주기를 원하신다.

9 오늘 주신 말씀을 통해 느낀 점을 말하고, 앞으로 어떤 자세로 사역할 것인지에 대해서 말해 보라.

◆ **성구암송**   로마서 8장 18절, 에베소서 6장 7-8절
◆ **큐 티**   고린도후서 11장 23-33절
◆ **독서과제**   하나님의 뜻 (존 맥아더, 베드로서원)
◆ **생활과제**
◆ **성경읽기**

3단원
예수님의 동역자로서 갖추어야 할 리더십

13과 예수님께 배우는 리더십
14과 여호수아에게 배우는 리더십
15과 다윗에게 배우는 리더십
16과 바울에게 배우는 리더십

13과
예수님께 배우는 리더십

서론

좋은 지도자는 사람을 살리고 세우는 역할을 한다. 지도자는 혼자만 잘하는 사람이 아니라 자신을 따르는 사람들이 잘하도록 도와주는 사람이다. 그러므로 지도자는 좋은 영향력을 끼쳐야 한다. 배우고 싶고 따르고 싶은 사람이 되어야 한다. 이런 지도자가 하나님으로부터 쓰임을 받을 수 있다. 좋은 지도자가 되기 원한다면 예수님의 리더십을 배워야 한다. 예수님의 제자들은 예수님의 뜻을 이루어드리기 위해서 모든 민족에게 복음을 전했고 생명까지 아낌없이 바쳤다. 예수님의 리더십을 배워보자.

적용할 말씀

1 빌립보서 2장 8절을 통해서 예수님의 리더십을 배우도록 하자.

> 『사람의 모양으로 나타나사 자기를 낮추시고 죽기까지 복종하셨으니 곧 십자가에 죽으심이라』

1 사람의 모양으로 나타나사 자기를 낮추시고

『하나님의 아들이신 예수님께서 낮고 천한 인간의 몸으로 오셨다.

* 예수님은 가장 추한 죄인의 자리까지 자신을 낮추셔서 우리가 져야 할 죄의 짐을 대신 지셨다.
* 영적인 리더십은 예수님처럼 자신을 낮추는 데 있다.
* 상대방의 입장에서 이해하고 받아 주려는 겸손한 자세를 가질 때, 상대방이 마음을 열게 된다.

2 죽기까지 복종하셨으니

* 예수님은 하나님께 죽기까지 순종하셨다.
* 영향력 있는 믿음의 리더들은 하나님께 철저히 순종한 사람들이다.(아브라함, 요셉)
* 하나님의 말씀에 철저히 순종하는 사람이 영적인 지도자가 될 수 있다.

3 십자가에 죽으심이라

* 우리를 위해 생명까지 아낌없이 내어주셨다. 이렇게 헌신적인 사랑보다 더 큰 리더십은 없다.
* 지도자로부터 헌신적인 사랑을 받고 있음을 느끼는 사람은 지도자의 가르침을 따르게 된다.

〉〉 **본문을 통해서 예수님으로부터 본받을 점은 무엇인가?**

2 마태복음 5장 13-16절에서 우리가 배워야 할 리더십은 무엇인가?

『[13]너희는 세상의 소금이니 소금이 만일 그 맛을 잃으면 무엇으로 짜게 하리요 후에는 아무 쓸 데 없어 다만 밖에 버려져 사람에게 밟힐 뿐이니라 [14]너희는 세상의 빛이라 산 위에 있는 동네가 숨겨지지 못할 것이요 [15]사람이 등불을 켜서 말 아래에 두지 아니하고 등경 위에 두나니 이러므로 집 안 모든 사람에게 비치느니라 [16]이같이 너희 빛이 사람 앞에 비치게 하여 그들로 너희 착한 행실을 보고 하늘에 계신 너희 아버지께 영광을 돌리게 하라』

1 내용을 자신의 말로 쉽게 요약해 보라.

예수님은 제자들이 세상에서 소금의 역할을 해야 한다고 하셨다. 소금의 역할을 감당하지 못하면 아무 쓸모가 없어서 밖에 버려져서 사람들에게 밟힐 것이라고 하셨다. 또, 세상의 빛이 되어서 많은 사람들에게 빛을 비추는 사람이 되어 그 선한 행동을 보고 하나님 아버지께 영광을 돌리게 하라고 하셨다.

2 소금과 빛이 되라는 것은 무슨 뜻인가? (13-15절)

* 성도로서 구별된 삶을 통해 세상에서 맛을 내는 사람이 되라고 하신 것이다.
* 지도자는 삶의 모범을 통해 사람들에게 영향력을 끼쳐야 한다.
* 아무리 작은 빛도 어둠을 밝힌다. 성도들은 칠흑 같이 어두운 세상의 빛이 되어야 한다.

〉〉 **다른 사람에게 삶의 모델이 되기에 부족한 점이 무엇이라고 생각하는가?**

3 착한 행실은 어떤 결과를 가져오는가? (16절)

* 다른 사람에게 좋은 영향을 끼친다.
* 하나님께 영광을 돌려드린다.
* 반대로 지도자 한 사람의 잘못된 행실은 다른 사람의 영혼을 실족시키고, 하나님의 영광을 가리게 된다.

3 탁월한 리더이신 예수님의 일과를 살펴보자.

1 마태복음 14장 21-23절

『[21]먹은 사람은 여자와 어린이 외에 오천 명이나 되었더라 [22]예수께서 즉시 제자들을 재촉하사 자기가 무리를 보내는 동안에 배를 타고 앞서 건너편으로 가게 하시고 [23]무리를 보내신 후에 기도하러 따로 산에 올라가시니라 저물매 거기 혼자 계시더니』

* 예수님은 열심히 일하셨다. 오천 명을 먹인 후에 제자들을 즉시 보내시고 무리를 해산시킨 후 곧바로 기도하러 가셨다.
* 예수님은 쉴 시간이 없이 일하셨지만, 하나님을 만나는 기도의 시간을 따로 가지셨다.
* 하나님의 아들이신 예수님께서 기도하셨다면, 성도들은 당연히 기도해야 하는 것이다.

2 마가복음 1장 35절

『새벽 아직도 밝기 전에 예수께서 일어나 나가 한적한 곳으로 가사 거기서 기도하시더니』

* 예수님은 새벽에 하나님 앞에서 기도를 드림으로 하루를 시작하셨다.
* 하나님과의 규칙적인 만남이 사역의 시작이다.
* 영적인 리더는 반드시 기도의 사람이 되어야 한다.

>> 예수님은 왜 새벽에 기도하셨을까?

>> 새벽에 기도할 때 어떤 유익이 있다고 생각하는지 자신의 경험에 비추어 말해 보라.

>> 하나님과의 교제 시간은 언제, 어떻게 가지고 있는가?

4 마태복음 28장 19-20절을 통해서 느낀 점을 말해 보라.

『[19]그러므로 너희는 가서 모든 민족을 제자로 삼아 아버지와 아들과 성령의 이름으로 세례를 베풀고 [20]내가 너희에게 분부한 모든 것을 가르쳐 지키게 하라 볼지어다 내가 세상 끝날까지 너희와 항상 함께 있으리라 하시니라.』

1 예수님이 제자들에게 주신 목표는 무엇인가?

* 먼저 예수님의 제자가 되어 예수님의 제자를 삼는 것이다.
* 좋은 리더는 올바른 목표를 향해 달려갈 뿐 아니라 자신을 따르는 사람들에게도 분명한 목표를 준다.
* 되는대로 사는 사람은 좋은 제자라고 할 수 없다.
* 제자들은 주님의 제자 삼는 목표를 이루기 위해서 생명까지 아끼지 않았다.

〉〉 리더로서 다른 사람에게 신앙생활의 분명한 방향과 목표를 제시하고 있다고 생각하는가?

〉〉 내가 양육하거나 전도한 사람이 예수님의 제자가 되기를 원하는 간절함이 있는가?

2 제자를 삼기 위해서 해야 할 일은 무엇인가?

* 전도하고 양육해야 한다.

〉〉 한 영혼을 전도하기 위해서 어떻게 섬기고 있는가?

〉〉 다른 사람의 전도생활을 어떻게 돕고 있는가?

5 예수님은 실제로 모범을 보여주신 리더였다. 리더는 말로 가르치는 자가 아니라 삶으로 보여주어야 한다. 야고보서 2장 17절을 보며 느낀 점을 말해 보라.

『이와 같이 행함이 없는 믿음은 그 자체가 죽은 것이라』

* 행동이 따르지 않는 믿음은 아무런 열매를 얻을 수 없다.
* 자신있게 '나를 본받으라'고 말할 수 있다면 좋은 지도자라고 할 수 있을 것이다.

〉〉 **알면서도 행하지 않고 있는 것이 있다면 무엇인가?**

〉〉 **당장 실천해야 할 것은 무엇인지 말해보라.**

> 행동하는 2%가 행동하지 않는 사람 98%를 지배한다 - 지그 지글러

6 오늘 주신 말씀을 통해서 느낀 점과 결단한 것을 말하라.

- ◆ **성구암송**   빌립보서 2장 8절
- ◆ **큐　　티**   누가복음 8장 1-3절
- ◆ **독서과제**   습관적인 신앙에서 벗어나라
- ◆ **생활과제**
- ◆ **성경읽기**

14과
여호수아에게 배우는 리더십

서론

모세의 보좌관 출신인 여호수아는 모세의 뒤를 이어 제2대 이스라엘 지도자가 되었다. 두 번째 지도자는 어려운 위치에 있다고 할 수 있다. 첫 번째 지도자가 잘하면 두 번째 지도자는 조금 잘해서는 안 되기 때문이다. 그런데 여호수아 역시 모세에 뒤지지 않는 탁월한 지도력을 보여주었다. 이스라엘 백성을 가나안으로 잘 인도하여 정착하도록 했다. 지도자의 길을 가는 사람이라면 여호수아의 리더십이 큰 도움이 될 것이다.

적용할 말씀

1 여호수아 1장 1-9절을 읽고 아래 물음에 답하라.

> 『[1]여호와의 종 모세가 죽은 후에 여호와께서 모세의 수종자 눈의 아들 여호수아에게 말씀하여 이르시되 [2]내 종 모세가 죽었으니 이제 너는 이 모든 백성과 더불어 일어나 이 요단을 건너 내가 그들 곧 이스라엘 자손에게 주는 그 땅으로 가라 [3]내가 모세에게 말한 바와 같이 너희 발바닥으로 밟는 곳은 모두 내가 너희에게 주었노니 [4]곧 광야와 이 레바논에서부터 큰 강 곧 유브라데 강까지 헷 족속의 온 땅과 또 해 지는 쪽 대해까지 너희의 영토가 되리라 [5]네 평생에 너를 능히 대적할 자가 없으리니 내가 모세와 함께 있었던 것 같이 너와 함께 있을 것임이니라 내가 너를 떠나지 아니하며 버리지 아니하리니 [6]강하고 담대하라 너는 내가 그들의 조상에게 맹세하여 그들에게 주리라 한 땅을 이 백성에게 차지하게 하리라 [7]오직 강하고 극히 담대하여 나의 종 모세가 네게 명령한 그 율법을 다 지켜 행하고 우로나 좌로나 치우치지 말라 그리하면 어디로 가든지 형통하리니 [8]이 율법책을 네 입에서 떠나지 말게 하며 주야로 그것을 묵상하여 그 안에 기록된 대로 다 지켜 행하라 그리하면 네 길이 평탄하게 될 것이며 네가 형통하리라 [9]내가 네게 명령한 것이 아니냐 강하고 담대하라 두려워하지 말며 놀라지 말라 네가 어디로 가든지 네 하나님 여호와가 너와 함께 하느니라 하시니라』

1 여호수아에 대해서 아는 대로 말해 보라.

* 여호수아는 모세의 사역을 곁에서 많이 보고 배운 준비된 사람이었다. 능력도 있고 믿음도 있었다. 광야 40년 동안 훈련을 받았다. 지도자 수업을 잘 받은 것이다.

2 여호수아 1장은 언제 주신 말씀인가? (1절)

* 모세의 죽음으로 인해 이스라엘의 지도자가 된 여호수아에게 주신 말씀이다.
* 사역을 시작하는 시점에 주신 말씀이기에 여호수아의 사역에 지표가 되는 중요한 말씀이다.

3 지도자는 하나님께서 맡겨 주신 사명이 있다. 여호수아가 지도자로서 맡은 사명은 무엇인가? (2절)

* 요단을 건너 약속의 땅 가나안으로 들어가 정착하는 것이다.

4 예수님께서 제자들에게 주신 사명은 무엇인가? (마 28:19-20)

『[19]그러므로 너희는 가서 모든 민족을 제자로 삼아 아버지와 아들과 성령의 이름으로 세례를 베풀고 [20]내가 너희에게 분부한 모든 것을 가르쳐 지키게 하라 볼지어다 내가 세상 끝날까지 너희와 항상 함께 있으리라 하시니라』

* 주님께서 제자들에게 주신 사명이 곧 우리에게 주신 사명이다.

〉〉 **이 사명에 순종하기 위해서 하고 있는 일은 무엇인가?**

2 하나님께서 여호수아에게 주신 첫 번째 말씀을 살펴보고 느낀 점을 말해보라.

1 여호수아 1장 3절

* 하나님께서 주신 첫 번째 말씀은 '하나님의 약속을 믿고 나아가라'는 것이었다.
* '내가 너희에게 주었노니'라는 말씀은 하나님의 약속에 대해서 추호도 의심해서는 안 된다는 것을 먼저 강조하신 것이다.
* 가나안 땅을 이스라엘 백성에게 주기로 하신 약속을 다시 확인시켜 주었다.
* 성경은 하나님의 약속이다. 하나님의 약속에 대해서 의심하지 말아야 한다.(참고:롬4:20)

『믿음이 없어 하나님의 약속을 의심하지 않고 믿음으로 견고하여져서 하나님께 영광을 돌리며』

* 아브라함이 믿음의 조상이 된 것은 하나님의 약속을 믿었기 때문이다.

* 아브라함은 나이가 많아서 현실적으로는 아이를 낳을 수 없는 상황이었지만 하나님의 약속에 대해서 불신하거나 의심하지 않고, 약속하신 것을 이루실 것을 굳게 믿어 하나님께 영광을 돌렸다.
* 아브라함은 하나님께서 친히 약속하신 것을 이루실 능력이 있다는 것을 확신했다.

〉〉 **하나님의 약속에 대해서 아직도 의심하고 있는 것이 있으면 무엇인가?**

* 하나님은 거짓말을 하지 않으신다. 약속하시면 반드시 그대로 이루시는 분이다.
* 약속의 말씀을 의심하는 것은 하나님을 거짓말쟁이로 만드는 것임을 기억해야 한다.

2 여호수아 1장 4절

* 하나님은 이스라엘 백성들이 차지할 땅의 범위를 구체적으로 말씀해 주셨다.
* 남쪽의 광야에서부터 북쪽의 레바논에 이르기까지, 동쪽의 큰 강 유프라테스에서부터 서쪽의 지중해에 이르는 헷 사람들의 모든 땅을 차지하게 될 것이라고 말씀하셨다.
* 하나님의 약속은 구체적이다. 모호하게 말씀하시지 않는다.

> 우리가 행하는 모든 일에 하나님의 말씀을 가진다는 것이 얼마나 귀중한 일인지 알 수가 없다. -루터

3 여호수아 1장 5절에서는 어떤 약속을 주셨는지 살펴보자.

1 본문을 통해서 느낀 점을 말해 보라.

* 이스라엘 백성을 가나안으로 이끄는 일은 여호수아 혼자서 하는 것이 아님을 알려 주셨다.
* 모세에게 훈련을 잘 받아서 능력이 있고, 잘 준비 되어 있어도 여호수아의 힘으로 할 수 있는 일이 아님을 알려 주신 것이다.
* 하나님의 일을 할 때 하나님께서 함께 하심을 믿어야 한다.

2 요한복음 14장 21절을 통해서 느낀 점을 말해 보라.

『나의 계명을 지키는 자라야 나를 사랑하는 자니 나를 사랑하는 자는 내 아버지께 사랑을 받을 것이요 나도 그를 사랑하여 그에게 나를 나타내리라』

* 말씀을 지키는 사람은 주님을 사랑하는 사람으로 인정을 받게 되고 주님의 사랑을 받고, 삶의 현장에서 주님이 함께 하심을 경험할 것이다.

〉〉 삶 속에서 하나님이 함께 하심을 경험한 예를 말해 보라.

〉〉 만일 경험하지 못했다면 무엇이 문제라고 생각하는가?

4 지도자가 가져야 할 마음의 자세는 어떠해야 하나?(수1:6)

* 하나님께서 함께 하시기에 지도자는 강하고 담대해야 한다.
* 할 수 없다고 생각하는 것은 그 이면에 두려움이 깔려 있는 경우가 대부분이다.
* 열 명의 가나안 정탐군의 보고를 듣고 두려움에 빠진 사람은 가나안에 들어갈 수가 없었다.
* 두려워 한 사람들은 더 이상 앞으로 나아가지 못하고 광야에서 모두 죽고 말았다.

5 여호수아 1장 7-8절이 주는 교훈을 살펴보자.

『[7]오직 강하고 극히 담대하여 나의 종 모세가 네게 명령한 그 율법을 다 지켜 행하고 우로나 좌로나 치우치지 말라 그리하면 어디로 가든지 형통하리니 [8]이 율법책을 네 입에서 떠나지 말게 하며 주야로 그것을 묵상하여 그 안에 기록된 대로 다 지켜 행하라 그리하면 네 길이 평탄하게 될 것이며 네가 형통하리라』

1 여호수아에게 맡겨진 사역을 잘 감당하기 위해서 행해야 할 것은 무엇인가?

* 율법을 다 지켜 행하는 것이다. 이는 하나님의 말씀을 다 지켜 행하라는 것이다.

2 하나님의 말씀을 어떻게 다 지켜 행할 수 있는가?(8절)

『이 율법책을 네 입에서 떠나지 말게 하며 주야로 그것을 묵상하여 그 안에 기록된 대로 다 지켜 행하라 그리하면 네 길이 평탄하게 될 것이며 네가 형통하리라』

* 다 지켜 행하라는 말씀은 어렵게 느껴진다. 그러나 하나님은 불가능한 말씀을 주시지 않는다.
* 하나님의 말씀대로 지켜 행하기 위해서는 주야로 묵상해야 한다.
* 하나님의 말씀을 다 지켜 행하는 것과 말씀 묵상은 뗄 수 없는 관계임을 말씀해 주셨다.
* 주야로 묵상하라는 것은 한 순간의 방심이나 게으름도 용납해서는 안 된다는 것이다.

>> 어떻게 말씀 묵상을 하고 있는가? 고칠 점이 있다면 무엇인가?

> 우리는 하나님을 경외하는 것과 동일하게 성경도 경외한다. - 존 칼빈

6 여호수아는 하나님의 명령에 따라 요단을 건너 가나안에 들어가기 위해 어떻게 행하고 있나? (수 1:10-11)

『[10] 이에 여호수아가 그 백성의 관리들에게 명령하여 이르되 [11] 진중에 두루 다니며 그 백성에게 명령하여 이르기를 양식을 준비하라 사흘 안에 너희가 이 요단을 건너 너희의 하나님 여호와께서 너희에게 주사 차지하게 하시는 땅을 차지하기 위하여 들어갈 것임이니라 하라』

* 관리들에게 명령하여 양식을 준비하라고 명령했다.

* 하나님이 주신 땅을 차지하기 위해 사흘 안에 요단을 건너갈 것이라고 했다.

* 여호수아는 하나님의 명령을 지체하지 않고 바로 시행했다.

〉〉 **당신이 바로 실행에 옮겨야 할 것이 무엇인가?**

7 오늘 주신 말씀을 통해서 느낀 점과 결단한 것을 말해 보라.

◆ 성구암송   여호수아 1장 8절
◆ 큐　　티   역대하 32장 1-8절
◆ 독서과제
◆ 생활과제
◆ 성경읽기

15과
다윗에게 배우는 리더십

서론

인간에게는 도무지 넘을 수 없는 많은 한계가 있다. 그 대표적인 것이 생로병사이다. 태어나서 늙고 병들어 죽어가는 과정을 누구도 피할 수 없다. 그러나 우리가 한계를 느끼는 것이 어디 그뿐이겠는가? 살아가면서 순간순간 다가오는 현실 앞에서 인간의 한계에 부딪혀 무너지는 경우가 한두 번이 아니다. 사역을 하면서 겪는 어려움에 대한 두려움으로 인해 신앙이 흔들릴 때도 있다. 사무엘상 17장에 나오는 다윗의 경우를 통해서 각자의 문제를 발견하고 영적인 문제를 어떻게 극복할 것인지 배워보도록 하자.

적용할 말씀

1 사무엘상 17장 41-44절을 읽고 아래 질문에 답하라.

> 『[41] 블레셋 사람이 방패 든 사람을 앞세우고 다윗에게 점점 가까이 나아가니라 [42]그 블레셋 사람이 둘러보다가 다윗을 보고 업신여기니 이는 그가 젊고 붉고 용모가 아름다움이라 [43]블레셋 사람이 다윗에게 이르되 네가 나를 개로 여기고 막대기를 가지고 내게 나아왔느냐 하고 그의 신들의 이름으로 다윗을 저주하고 [44]그 블레셋 사람이 또 다윗에게 이르되 내게로 오라 내가 네 살을 공중의 새들과 들짐승들에게 주리라 하는지라』

1 다윗이 블레셋의 장수 골리앗을 상대하고 있다. 골리앗에 대해서 아는 대로 말해 보라.

* 골리앗은 블레셋의 가드 출신 장수이다. 그의 키는 여섯 규빗 한 뼘으로 2미터 90센티에 해당하는 거인이었다.
* 골리앗만 나타나면 사울과 이스라엘 군인들이 두려워서 벌벌 떨었다.

2 골리앗이 다윗을 어떻게 대하고 있는가? (42-43절)

* 골리앗이 다윗을 무시하고 모욕하고 있다.
* 골리앗은 자신이 섬기는 신들의 이름으로 다윗을 저주하고 업신여겼다.

3 골리앗은 다윗의 미래에 대해서 어떻게 표현하고 있는가? (44절)

* 이미 승패는 끝난 것처럼 말했다. 다윗이 처참하게 죽게 될 것이고 시체는 공중의 새와 들짐승에게 주겠다고 장담하고 있다.
* 골리앗 자신이 다윗의 미래를 주관할 것처럼 말하지만 자신의 미래도 모르는 나약한 존재에 불과하다.

2 골리앗을 대하는 다윗의 태도에서 배울 점은 무엇인가? (삼상 17:45)

『다윗이 블레셋 사람에게 이르되 너는 칼과 창과 단창으로 내게 나아오거니와 나는 만군의 여호와의 이름 곧 네가 모욕하는 이스라엘 군대의 하나님의 이름으로 네게 나아가노라』

* 다윗은 자신이 의지하는 하나님께서 전쟁의 승패를 주관하심을 믿고 골리앗에게 당당하게 나아가고 있다.
* 모욕과 수치에도 불구하고 흔들림이 없이 당당한 것은 하나님을 신뢰하는 믿음이 있었기 때문이다.
* 다윗은 전쟁의 승패가 사람의 탁월함이나 무기에 있지 않음을 알았기에 두려워하지 않았다.

〉〉 **하나님을 신뢰하는 믿음으로 두려움을 극복한 경험이 있으면 말해보라.**

3 사역을 하며 다가오는 장애물과 위기를 어떻게 극복해야 할까? 아래 성경 구절을 통해서 살펴보자.

1 예레미야 29장 12절을 통해서 느낀 점을 말해 보라.

『너희가 내게 부르짖으며 내게 와서 기도하면 내가 너희들의 기도를 들을 것이요』

* 위기의 순간에 간절히 기도해야 한다. 다윗도 골리앗과의 싸움에 앞서 하나님께 간절히 기도했을 것이다.
* 하나님께서 간절한 기도를 반드시 들으신다는 확신을 가져야 한다.

2 사무엘하 22장 2절

『이르되 여호와는 나의 반석이시요 나의 요새시요 나를 위하여 나를 건지시는 자시오』

* 하나님만이 완벽하게 지키시고 보호해 주시는 분임을 믿어야 한다.
* 우리는 한계가 있지만 하나님은 한계가 없으시다.

〉〉 각자가 생각하는 하나님에 대해 말해보라.

4 두려움을 가지면 이미 패한 것과 같다. 그런데 다윗은 골리앗에 대한 두려움이 없었다. 그 이유를 아래 성경을 보며 살펴보자.

1 사무엘상 17장 46절

『오늘 여호와께서 너를 내 손에 넘기시리니 내가 너를 쳐서 네 목을 베고 블레셋 군대의 시체를 오늘 공중의 새와 땅의 들짐승에게 주어 온 땅으로 이스라엘에 하나님이 계신 줄 알게 하겠고』

* 다윗은 생명의 주관자가 하나님이심을 확신하고 있었다.
* 참새가 사고 팔리는 것도 하나님께서 허락하셔야 한다.(참고:마10:29-31)

『[29]참새 두 마리가 한 앗사리온에 팔리지 않느냐 그러나 너희 아버지께서 허락하지 아니하시면 그 하나도 땅에 떨어지지 아니하리라 [30] 너희에게는 머리털까지 다 세신 바 되었나니 [31]두려워하지 말라 너희는 많은 참새보다 귀하니라』

* 믿음의 사람은 모든 것이 하나님의 손에 있다는 하나님의 주권을 믿어야 한다.

〉〉 하나님의 주권을 믿을 때 어떤 유익이 있었는가?

2 사무엘상 17장 33-35절

『[33]사울이 다윗에게 이르되 네가 가서 저 블레셋 사람과 싸울 수 없으리니 너는 소년이요 그는 어려서부터 용사임이니라 [34]다윗이 사울에게 말하되 주의 종이 아버지의 양을 지킬 때에 사자나 곰이 와서 양 떼에서 새끼를 물어가면 [35]내가 따라가서 그것을 치고 그 입에서 새끼를 건져내었고 그것이 일어나 나를 해하고자 하면 내가 그 수염을 잡고 그것을 쳐죽였나이다』

* 다윗은 사울 앞에서 지난날 하나님께서 베풀어 주신 은혜에 대해 간증하고 있다.
* 양을 칠 때 베풀어 주신 하나님의 은혜로 눈앞에 다가온 두려움을 이길 수 있음을 고백하고 있다.

〉〉 **지난 날에 베풀어 주신 하나님의 은혜로 인해 두려움을 이겨낸 적이 있으면 말해보라. .**

5 하나님의 은혜를 간직하고 살면 어떻게 될까? 고린도전서 15장 10절이 주는 교훈을 말해보라. (참고 삼상 17:36)

(고전 15:10)『그러나 내가 나 된 것은 하나님의 은혜로 된 것이니 내게 주신 그의 은혜가 헛되지 아니하여 내가 모든 사도보다 더 많이 수고하였으나 내가 한 것이 아니요 오직 나와 함께 하신 하나님의 은혜로라』

* 하나님의 은혜를 마음에 품고 사는 자에게는 더 큰 은혜를 베풀어 주신다.
* 지금까지 다윗은 양치는 일에 쓰임을 받았지만 이제는 민족을 구하는 일에 도전하고 있다.

(삼상 17:36)『주의 종이 사자와 곰도 쳤은즉 살아 계시는 하나님의 군대를 모욕한 이 할례 받지 않은 블레셋 사람이리이까 그가 그 짐승의 하나와 같이 되리이다』

6 사무엘상 17장 47-49절을 보며, 각 구절이 주는 교훈을 말해 보라.

『[47]또 여호와의 구원하심이 칼과 창에 있지 아니함을 이 무리에게 알게 하리라 전쟁은 여호와께 속한 것인즉 그가 너희를 우리 손에 넘기시리라 [48]블레셋 사람이 일어나 다윗에게로 마주 가까이 올 때에 다윗이 블레셋 사람을 향하여 빨리 달리며 [49]손을 주머니에 넣어 돌을 가지고 물매로 던져 블레셋 사람의 이마를 치매 돌이 그의 이마에 박히니 땅에 엎드러지니라』

1 47절이 주는 교훈은 무엇인가?

* 골리앗은 자신의 힘을 자랑했지만, 다윗은 하나님께서 얼마나 놀라운 일을 하실 것인가를 자랑하고 있다.
* 다윗은 자신의 힘을 조금도 자랑하지 않았다. 오직 하나님만 자랑하고 있다.

〉〉 **자신의 삶 가운데 하나님께서 행하신 일에 대해 자랑할 것을 말해보라.**

2 48-49절이 주는 교훈은 무엇인가?

* 다윗은 평소에 익힌 실력으로 최선을 다했다.
* 골리앗을 이긴 것은 전적으로 하나님의 도우심이지만, 다윗은 최선을 다해 골리앗을 쓰러뜨렸다.
* 다윗은 목자로서 양 치는 일에 최선을 다했고 하나님은 이런 다윗을 사용하셨다.
* 하나님은 작게 보이는 일도 맡은 일에 충성하는 자에게 더 큰 일을 맡기신다. 양을 위기에서 구하던 다윗은 이스라엘 백성을 위기 가운데서서 구하는 리더가 되어 있었다.

〉〉 **하나님께서 맡겨 주신 일에 최선을 다할 때 생각지 못한 일에 쓰임 받을 수 있다는 사실 앞에서 깨닫고 결단할 것이 있으면 말해보라.**

7 오늘 공부를 통해서 느낀 점과 결단한 것을 말해 보라.

* 다윗은 이스라엘과 블레셋 사람 앞에서 하나님의 위대하심을 드러냈다.
* 다윗은 하나님께 영광을 돌려 드렸을 뿐 아니라 하나님의 위대하심을 널리 알리는 전도자였다.

◆ **성구암송**   여호수아 1장 8절
◆ **큐　　티**   역대하 32장 1-8절
◆ **독서과제**
◆ **생활과제**
◆ **성경읽기**

16과
바울에게 배우는 리더십

서론

성경에 나오는 믿음의 사람들은 자신만을 위해 살지 않고 다른 사람들에게 유익을 주었다는 사실을 알 수 있다. 이들은 하나님을 기쁘시게 해 드렸을 뿐 아니라 그 당시 사람들과 후대에까지 세대를 초월하여 큰 영향을 끼치고 있다. 그 중에서도 사도 바울은 섬김의 사역으로 풍성한 열매를 맺었다. 바울은 이스라엘에서 소아시아를 거쳐 로마까지 여행하는 동안 가는 곳마다 많은 영혼들을 전도하고 평신도 사역자들을 양육하여 건강한 교회로 세웠다. 바울의 리더십을 배우도록 하자.

적용할 말씀

1 바울의 한 영혼을 향한 자세를 말씀을 통해서 배우도록 하자.

1 사도행전 16장 9-15절을 통해서 빌립보 교회가 어떻게 세워졌는지 살펴보자.

『[9]밤에 환상이 바울에게 보이니 마게도냐 사람 하나가 서서 그에게 청하여 이르되 마게도냐로 건너와서 우리를 도우라 하거늘 [10]바울이 그 환상을 보았을 때 우리가 곧 마게도냐로 떠나기를 힘쓰니 이는 하나님이 저 사람들에게 복음을 전하라고 우리를 부르신 줄로 인정함이러라 [11]우리가 드로아에서 배로 떠나 사모드라게로 직행하여 이튿날 네압볼리로 가고 [12]거기서 빌립보에 이르니 이는 마게도냐 지방의 첫 성이요 또 로마의 식민지라 이 성에서 수일을 유하다가 [13]안식일에 우리가 기도할 곳이 있을까 하여 문 밖 강가에 나가 거기 앉아서 모인 여자들에게 말하는데 [14]두아디라 시에 있는 자색 옷감 장사로서 하나님을 섬기는 루디아라 하는 한 여자가 말을 듣고 있을 때 주께서 그 마음을 열어 바울의 말을 따르게 하신지라 [15]그와 그 집이 다 세례를 받고 우리에게 청하여 이르되 만일 나를 주 믿는 자로 알거든 내 집에 들어와 유하라 하고 강권하여 머물게 하니라』

〉〉 빌립보 교회는 어떤 과정을 통해서 세워지게 되는가?

* 바울이 밤에 마게도냐로 건너와서 도와 달라는 환상을 보고 배를 타고 로마의 식민지이며 마게도냐의 중심 도시인 빌립보로 갔다.
* 며칠 동안 그 곳에서 기도처가 있을 만한 곳을 찾아 성문 밖 강가로 나가서 복음을 전했다.
* 그곳에서 두아디라라는 도시에서 온 자주색 옷감 장사 루디아라는 여자가 복음을 받았고, 집안 식구 모두 세례를 받았다.
* 빌립보 교회는 바울이 성령의 인도하심에 순종하고 헌신적으로 섬김으로 인해 세워진 교회이다.

2 바울은 빌립보 성도들을 향해 어떤 자세를 가지고 있었는지 아래 성경을 통해서 살펴보자.

❶ 빌립보서 1장 6절

『너희 안에서 착한 일을 시작하신 이가 그리스도 예수의 날까지 이루실 줄을 우리는 확신하노라』

* 빌립보 교회 성도들 안에서 선한 일을 시작하신 하나님께서 예수 그리스도께서 오시는 마지막 날에 선한 일을 완성하실 것을 믿고 있다.
* 빌립보 성도들을 향한 기대감을 나타내고 있는 것이다.

〉〉 부족해 보이고 기대할 것이 없어 보이는 사람을 어떤 자세로 대하는가?

* 하나님의 말씀과 성령의 도우심으로 변화될 수 있다는 확신과 기대감을 가져야 한다.
* 지도자가 성도들에 대한 기대감을 포기하는 것은 하나님이 행하실 것을 믿지 않는 교만함이라 할 수 있다.

❷ 빌립보서 1장 8절

『내가 예수 그리스도의 심장으로 너희 무리를 얼마나 사모하는지 하나님이 내 증인이시니라』

* 바울은 감옥에 있으면서도 빌립보 성도들을 사랑해서 너무나 보고 싶어 하고 있다. 하나님께서 증인이라고 말하는 것으로 봐서 얼마나 사랑하고 있는지 알 수 있다.
* 바울의 한 영혼을 향한 뜨거운 사랑을 알 수 있다.

〉〉 바울의 모습을 보면서 느낀 점을 말해 보라.

❸ 빌립보서 1장 4-5절

『[4]간구할 때마다 너희 무리를 위하여 기쁨으로 항상 간구함은 [5]너희가 첫날부터 이제까지 복음을 위한 일에 참여하고 있기 때문이라』

* 복음 전파에 생명을 바친 바울에게 복음의 동역자가 된 빌립보 성도들은 귀한 존재들로 기쁨이었다.
* 바울이 복음 전파를 몸소 실천했기에 빌립보 성도들 역시 복음의 열정을 가지고 있었다.

〉〉 복음을 전하기 위해서 어떻게 섬기고 있는가?

〉〉 지체들과 복음을 전하기 위해서 어떻게 동역하고 있는가?

❹ 빌립보서 1장 9-10절

『[9]내가 기도하노라 너희 사랑을 지식과 모든 총명으로 점점 더 풍성하게 하사 [10]너희로 지극히 선한 것을 분별하며 또 진실하여 허물 없이 그리스도의 날까지 이르고』

* 바울은 성도들이 총명이 풍성해서 선악을 분별하는 자가 되기를 기도하고 있다.
* 바울은 성도들이 주님 앞에 섰을 때 부끄러움이 없는 사람이 되기를 간절히 원하고 있다.

〉〉 바울의 모습을 보면서 다른 사람의 신앙 성장을 위해 내가 할 수 있는 일이 무엇이라고 생각하는가? 노력하고 있는 것이 있다면 무엇인지 각자 말해 보자.

2 바울은 어떻게 양육하고 돌보았는지 구체적으로 살펴보도록 하자.

❶ 사도행전 15장 36절

『며칠 후에 바울이 바나바더러 말하되 우리가 주의 말씀을 전한 각 성으로 다시 가서 형제들이 어떠한가 방문하자 하고』

* 바울은 1차 전도 여행 때 복음을 전한 지역의 성도들을 다시 방문해서 그들을 보살필 것을 바나바에게 제안하고 있다.
* 전도한 사람을 방문하므로 인해 그들의 영적인 상태에 따른 구체적인 도움을 줄 수 있다.

>> **각자 전도한 사람을 어떻게 돌보고 있는지 말하고 그 유익에 대해서 말해 보라.**

❷ **고린도전서 4장 14절**

『내가 너희를 부끄럽게 하려고 이것을 쓰는 것이 아니라 오직 너희를 내 사랑하는 자녀 같이 권하려 하는 것이라』

* 바울은 사랑을 담은 편지에서 고린도교회 성도들이 신앙생활을 잘 하도록 권면하기 위해 성도들에 대해 자상하게 영적 상태나 안부를 묻고 있다.
* 격려 뿐 아니라 잘못된 길로 가지 않도록 부모의 마음으로 권면하였다.

>> **각자 어떻게 지체들과 교제하고 있는가?**

>> **바울에게서 본받아야 할 점은 무엇인가?**

❸ **디모데후서 1장 3절**

『내가 밤낮 간구하는 가운데 쉬지 않고 너를 생각하여 청결한 양심으로 조상 적부터 섬겨 오는 하나님께 감사하고』

* 디모데를 위해 밤낮으로 기도하는 바울이 있었기에 디모데가 좋은 지도자가 될 수 있었다.
* 영적 지도자의 기도가 얼마나 중요한가를 알 수 있다.
* 지도자가 기도하지 않고 자신의 힘으로 성장시키려는 것은 교만이며 어리석음이다.

❹ 고린도전서 2장 4절

『내 말과 내 전도함이 설득력 있는 지혜의 말로 하지 아니하고 다만 성령의 나타나심과 능력으로 하여』

* 바울은 성령의 능력을 철저히 의지하고 사역했다.
* 바울이 성령의 인도하심 가운데 사역을 했기에 사역의 열매가 풍성했던 것이다.

〉〉 **성령의 인도하심에 따르면 생각하지 못한 결과에 대해서 자신도 놀랄 수밖에 없다. 그런 경험이 있으면 말해보라.**

〉〉 **내 실력을 믿고 사역을 하다가 실패한 경험이 있다면 나눠 보자.**

3 사도 바울에 대해 디모데후서 4장 6-8절을 통해서 살펴보자.

『[6]전제와 같이 내가 벌써 부어지고 나의 떠날 시각이 가까웠도다 [7]나는 선한 싸움을 싸우고 나의 달려갈 길을 마치고 믿음을 지켰으니 [8]이제 후로는 나를 위하여 의의 면류관이 예비되었으므로 주 곧 의로우신 재판장이 그 날에 내게 주실 것이며 내게만 아니라 주의 나타나심을 사모하는 모든 자에게도니라』

1 본문이 기록된 배경과 내용을 간략하게 요약해 보라.

* 바울이 자신의 죽음을 앞두고 한 유언이라고 할 수 있다.
* 믿음을 끝까지 잘 지킨 것에 대한 확신에 찬 고백이다.
* 모든 성도들이 자신처럼 주님의 재림의 날, 의의 면류관을 사모할 만큼 충성된 사람이 되기를 원하고 있다.

〉〉 **바울처럼 죽음을 준비하기 위해 어떤 노력을 해야 하겠는가?**

2 본문을 통해서 느낀 점을 말해 보라.(참고:고전10:33)

『나와 같이 모든 일에 모든 사람을 기쁘게 하여 자신의 유익을 구하지 아니하고 많은 사람의 유익을 구하여 그들로 구원을 받게 하라』

* 바울은 모든 사람이 복음의 기쁨을 누릴 수 있도록 자신처럼 섬길 것을 권면하고 있다.
* 바울은 입술로만 가르친 사람이 아니라 삶으로 모범을 보였고 맡은 사역에 최선을 다했다.
* 삶으로 보여주는 것은 가장 강력한 리더십으로 가장 좋은 멘토가 될 수 있다.

4 오늘 주신 말씀을 통해서 느낀 점과 결단한 것을 말해 보라.

- ◆ **성구암송**　고린도전서 15장 10절, 빌립보서 1장 6절
- ◆ **큐　　티**　사도행전 21장 10–14절
- ◆ **독서과제**　순종의 축복 (마르다 대처, 네비게이토)
- ◆ **생활과제**
- ◆ **성경읽기**

4단원

예수님의 동역자로서의 소그룹 인도

17과 소그룹 인도자의 바른 자세
18과 소그룹 성경공부의 유익
19과 소그룹 인도법(1)
20과 소그룹 인도법(2)

17과
소그룹 인도자의 바른 자세

서론

소그룹 인도자가 교회 안에서 자신의 위치를 잘 지키는 것은 중요하다. 교회 공동체 안에서 건강한 교회를 세워나가는 구성원이 되기 위해서는 지체들을 잘 이끌어 가는 멘토의 역할만으로는 충분하지 않다. 교회의 지도자인 목회자와 함께 동역하는 평신도 동역자들과 조화를 이룰 때 사역의 열매를 기대할 수 있다.

적용할 말씀

1 여호수아 1장 10-18절을 읽고 말씀이 주는 교훈을 살펴보자.

『[10]이에 여호수아가 그 백성의 관리들에게 명령하여 이르되 [11]진중에 두루 다니며 그 백성에게 명령하여 이르기를 양식을 준비하라 사흘 안에 너희가 이 요단을 건너 너희의 하나님 여호와께서 너희에게 주사 차지하게 하시는 땅을 차지하기 위하여 들어갈 것임이니라 하라 [12]여호수아가 또 르우벤 지파와 갓 지파와 므낫세 반 지파에게 말하여 이르되 [13]여호와의 종 모세가 너희에게 명령하여 이르기를 너희의 하나님 여호와께서 너희에게 안식을 주시며 이 땅을 너희에게 주시리라 하였나니 너희는 그 말을 기억하라 [14]너희의 처자와 가축은 모세가 너희에게 준 요단 이쪽 땅에 머무르려니와 너희 모든 용사들은 무장하고 너희의 형제보다 앞서 건너가서 그들을 돕되 [15]여호와께서 너희를 안식하게 하신 것 같이 너희의 형제도 안식하며 그들도 너희의 하나님 여호와께서 주시는 그 땅을 차지하기까지 하라 그리고 너희는 너희 소유지 곧 여호와의 종 모세가 너희에게 준 요단 이쪽 해 돋는 곳으로 돌아와서 그것을 차지할지니라 [16]그들이 여호수아에게 대답하여 이르되 당신이 우리에게 명령하신 것은 우리가 다 행할 것이요 당신이 우리를 보내시는 곳에는 우리가 가리이다 [17]우리는 범사에 모세에게 순종한 것 같이 당신에게 순종하려니와 오직 당신의 하나님 여호와께서 모세와 함께 계시던 것 같이 당신과 함께 계시기를 원하나이다 [18]누구든지 당신의 명령을 거역하며 당신의 말씀을 순종하지 아니하는 자는 죽임을 당하리니 오직 강하고 담대하소서』

1 본문의 내용을 알기 쉽게 요약해 보라.

여호수아가 백성의 지도자들에게 사흘 안에 요단강을 건널 것을 알리고 양식을 준비하도록 한다. 여호수아는 르우벤, 갓, 므낫세 반 지파에게 아내들과 아이들과 가축들은 모세가 너희에게 준 요단 이쪽에 머물고 모든 용사들은 무장하고 너희 형제들보다 앞서 건너가 그들을 도와야 한다고 말한다. 너희 형제들이 하나님께서 주시는 땅을 차지하게 되면 요단강 동쪽에 있는 너희 땅으로 돌아가도 좋다고 하자 그들은 '우리에게 명령한 모든 것을 행하겠으며 어디로 보내든지 우리는 가겠습니다. 우리는 모세에게 순종했던 것처럼 당신에게 순종할 것입니다. 하나님께서 모세와 함께 하셨던 것처럼 당신과 함께 하시기를 바랍니다. 만약 당신의 명령을 따르지 않고 거역하는 자는 죽여도 좋습니다. 오직 강하고 담대하십시오'라고 말한다.

2 여호수아가 르우벤, 갓, 므낫세 지파의 절반에게 명한 내용과 배경에 대해서 살펴보라.(수 1:12-15)

『[12]여호수아가 또 르우벤 지파와 갓 지파와 므낫세 반 지파에게 말하여 이르되 [13]여호와의 종 모세가 너희에게 명령하여 이르기를 너희의 하나님 여호와께서 너희에게 안식을 주시며 이 땅을 너희에게 주시리라 하였나니 너희는 그 말을 기억하라 [14]너희의 처자와 가축은 모세가 너희에게 준 요단 이쪽 땅에 머무르려니와 너희 모든 용사들은 무장하고 너희의 형제보다 앞서 건너가서 그들을 돕되 [15]여호와께서 너희를 안식하게 하신 것 같이 너희의 형제도 안식하며 그들도 너희의 하나님 여호와께서 주시는 그 땅을 차지하기까지 하라 그리고 너희는 너희 소유지 곧 여호와의 종 모세가 너희에게 준 요단 이쪽 해 돋는 곳으로 돌아와서 그것을 차지할지니라』

* 요단강을 건너 가나안 정복의 선봉장이 되라고 명하고 있다.
* 모세 때에 세 지파는 미디안 광야의 여러 족속과의 싸움에서 큰 전과를 올리고 다른 지파보다 많은 가축을 분배받았다. 그런데, 분배받은 많은 가축을 데리고 이동하는 것이 수월하지 않았다. 그래서 요단강을 건너기 전에 있는 요단강 동편의 땅을 자기들에게 달라고 요구한 후 가나안 정복 때에 자신들도 전투에 참여하겠다고 약속을 했다.
* 여호수아가 그들의 약속을 상기시키고 있다.

3 세 지파는 여호수아의 명령에 대해 어떤 자세를 보이고 있는가? (수 1:16-18)

『[16]그들이 여호수아에게 대답하여 이르되 당신이 우리에게 명령하신 것은 우리가 다 행할 것이요 당신이 우리를 보내시는 곳에는 우리가 가리이다 [17]

우리는 범사에 모세에게 순종한 것 같이 당신에게 순종하려니와 오직 당신의 하나님 여호와께서 모세와 함께 계시던 것 같이 당신과 함께 계시기를 원하나이다 [18]누구든지 당신의 명령을 거역하며 당신의 말씀을 순종하지 아니하는 자는 죽임을 당하리니 오직 강하고 담대하소서』

* 책임지는 자세를 보이고 있다.
* 이미 요단 동편의 땅이 주어졌기에 희생할 필요가 없었지만, 그들은 약속에 대해서 책임지는 자세를 보여주고 있다.
* 지도자가 모세에서 여호수아로 바뀌었지만 그들은 약속을 지키고 있다.

4 여호수아 1장 16절을 통해서 느낀 점을 말해 보라.

『그들이 여호수아에게 대답하여 이르되 당신이 우리에게 명령하신 것은 우리가 다 행할 것이요 당신이 우리를 보내시는 곳에는 우리가 가리이다』

* 여호수아가 명한 것을 다 행하겠다고 말하고 있다.
* 특권을 누리면 책임지려는 자세도 함께 가져야 한다.

〉〉 **책임지려는 자세가 있는가?**

〉〉 **요구하고 특권을 누리는 데만 관심을 가진다면 무엇이 문제라고 생각하는가?**

5 갈라디아서 6장 2절을 통해서 느낀 점을 말해 보라.

『너희가 짐을 서로 지라 그리하여 그리스도의 법을 성취하라』

* 짐을 지려는 자세를 가져야 한다.
* 짐을 지려는 자세를 가질 때 주님의 뜻을 이루어 드릴 수 있다.

2 세 지파는 공동체에 대해서 어떤 자세를 가지고 있는가? (마 6:33)

『그런즉 너희는 먼저 그의 나라와 그의 의를 구하라 그리하면 이 모든 것을 너희에게 더하시리라』

* 세 지파는 자신의 민족을 생각했다.
* 성도들은 자신의 유익보다 자신이 속한 공동체를 먼저 생각해야 한다.
* 성도들은 언제나 교회를 먼저 생각해야 한다.

3 지도자인 여호수아에 대해서 세 지파는 어떤 자세를 가지고 있는가? (히 13:17)

『너희를 인도하는 자들에게 순종하고 복종하라 그들은 너희 영혼을 위하여 경성하기를 자신들이 청산할 자인 것 같이 하느니라 그들로 하여금 즐거움으로 이것을 하게 하고 근심으로 하게 하지 말라 그렇지 않으면 너희에게 유익이 없느니라』

* 여호수아는 새로운 지도자이므로 모세와 다르게 경험도 없기에 무시할 수도 있지만 모세 때처럼 순종하겠다고 말하고 있다.
* 여호수아를 하나님께서 지도자로 세워 주셨기에 그의 리더십 앞에 순종하고 있는 것이다.
* 하나님께서 세우신 지도자를 인간적인 눈으로 보아서는 안 된다.
* 신앙경력이 짧아도 배운 것이 부족해 보여도 지도자로 세워졌으면 잘 따라야 한다.

〉〉 **지도자에게 어느 정도 순종하고 있다고 생각하는가?**

〉〉 **지도자의 권위를 존중하고 순종해야 할 이유가 무엇인가?**

* 그들은 영혼을 책임진 사람이기에 그들을 근심하게 해서는 안 되며 즐거운 마음으로 하도록 해야 한다.
* 지도자를 힘들게 하면 자기 자신은 물론 공동체에도 아무런 도움이 되지 않는다.

4 여호수아 1장 18절을 통해서 느낀 점을 말해 보라.

『누구든지 당신의 명령을 거역하며 당신의 말씀을 순종하지 아니하는 자는 죽임을 당하리니 오직 강하고 담대하소서』

* 지도자인 여호수아에게 세 지파는 힘이 되고 있다.

>> 지도자에게 힘이 되고 있다고 생각하나? 그렇지 않다면 그 이유가 무엇인가?

* 세 지파는 아주 감동적인 이야기를 하고 있다.
* 그들은 여호수아의 명령에 따르겠다고 약속한 후에 마음을 강하게 하고 담대히 하라고 격려하고 있다.
* 가장 강한 전투력을 가졌던 가나안 족속과의 싸움에 앞서 내부적으로 철저히 하나가 되어야 할 시점에서 나온 지도자에 대한 응원은 여호수아에게 감동이었고 큰 힘이 되었을 것이다.

>> 지도자를 응원하고 힘이 되어 준 경우가 있는가?

5 여호수아 17장 16-18절이 주는 교훈을 살펴보라.

『[16]요셉 자손이 이르되 그 산지는 우리에게 넉넉하지도 못하고 골짜기 땅에 거주하는 모든 가나안 족속에게는 벧 스안과 그 마을들에 거주하는 자이든지 이스르엘 골짜기에 거주하는 자이든지 다 철 병거가 있나이다 하니 [17]여호수아가 다시 요셉의 족속 곧 에브라임과 므낫세에게 말하여 이르되 너는 큰 민족이요 큰 권능이 있은즉 한 분깃만 가질 것이 아니라 [18]그 산지도 네 것이 되리니 비록 삼림이라도 네가 개척하라 그 끝까지 네 것이 되리라 가나안 족속이 비록 철 병거를 가졌고 강할지라도 네가 능히 그를 쫓아내리라 하였더라』

1 본문을 쉬운 말로 요약해 보라.

『요셉 자손인 에브라임과 므낫세 지파가 "그 산지는 우리에게 충분하지 못하고, 주변의 가나안 족속은 위험합니다. 그들은 훈련이 잘 되었고, 뛰어난 무기를 가지고 있습니다"라고 말했다. 그때 여호수아가 "너희는 큰 힘을 가진 민족이니 현재 주어진 것에 만족하지 마라. 너희 주변이 비록 험한 지경일지라도 열심히 개척하면 너희 것이 될 것이고, 가나안 사람을 분명히 쫓아낼 것이다"라고 말했다.』

2 에브라임 지파와 므낫세 지파의 불만은 무엇인가?

* 자신들의 두 지파가 합치면 큰 민족인데, 분배를 받은 땅이 너무 작고 협소하다고 불평을 한다.
* 므낫세 지파의 절반은 요단 동편의 넓은 지역을 분배받았기 때문에 그들의 몫은 충분했지만 만족하지 못했다.

>> **대개 어떤 경우에 불평하는가?**

* 이미 받은 은혜를 깨닫지 못할 때 불평한다.

3 불평하는 두 지파에 대한 여호수아의 대답은 무엇인가?(수17:18)

『그 산지도 네 것이 되리니 비록 삼림이라도 네가 개척하라 그 끝까지 네 것이 되리라 가나안 족속이 비록 철 병거를 가졌고 강할지라도 네가 능히 그를 쫓아내리라 하였더라』

* 개척하면 더 많은 땅을 차지할 것이라고 말하고 있다.

4 여호수아 17장 18절을 통해서 느낀 점을 말해 보라.

* 사역자는 개척자이다.
* 모든 사역에 개척자의 정신을 가지고 있어야 한다.
* 전도자는 개척 정신이 없으면 영혼을 구원할 수 없다.

〉〉 개척자의 자세를 가지기 위해 어떤 노력을 하고 있는가?

* 개척하다 - '나무를 자르다'의 뜻이다. 나무를 베고 숲을 개간하여 땅을 일구라는 뜻이다.
* 좁다고 불평하지 말고 지경을 넓히라는 것이다.
* 우리에게 주신 비전은 이런 개척 정신을 가질 때 더 많은 열매를 얻을 수 있다.

6 오늘 주신 말씀을 통해서 느낀 점과 결단한 것을 말하라.

◆ **성구암송** 갈라디아서 6장 2절, 히브리서 13장 17절
◆ **큐　　티** 신명기 6장 1-9절
◆ **독서과제**
◆ **생활과제**
◆ **성경읽기**

18과
소그룹 성경공부의 유익

서론

예수님께서도 소그룹을 훈련시키신 것을 성경을 통해서 살펴볼 수 있다. 열두 제자를 가르치신 것이 그 좋은 예가 될 것이다. 그러므로 교회가 소그룹을 통해서 성도들을 양육하는 것은 예수님께서 우리에게 가르쳐주신 원리라고 할 수 있다. 소그룹에서는 서로 친밀한 관계를 유지할 수 있고 세밀하게 알고 가르칠 수 있다. 그만큼 소그룹은 효과적으로 교육할 수 있는 장점이 있는 것이다.

적용할 말씀

1 마가복음 3장 13-15절이 주는 교훈을 살펴보자.

> 『[13]또 산에 오르사 자기가 원하는 자들을 부르시니 나아온지라 [14]이에 열둘을 세우셨으니 이는 자기와 함께 있게 하시고 또 보내사 전도도 하며 [15]귀신을 내쫓는 권능도 가지게 하려 하심이러라』

1 예수님은 열두 명의 제자를 훈련시키셨다.

* 열두 명은 효과적으로 양육하고 훈련할 수 있는 숫자로 볼 수 있다.

2 제자들이 예수님과 함께 하므로 배운 것이 무엇일까?(14-15절)

* 예수님의 인격과 삶을 배울 수 있었을 것이다.
* 제자들과 서로 공동체 의식(지체의식)을 가질 수 있었을 것이다.
* 전도자로 훈련을 받았다.
* 영적인 전쟁에서 이길 수 있는 힘을 얻었다.

2 소그룹 성경공부를 통해서 얻을 수 있는 유익이 무엇인지 살펴보자.

1 영적 성장을 가져온다.

* 다른 지체의 강점과 약점을 보며 자신의 모습을 살피게 된다.
* 자신의 문제를 구체적으로 깨닫게 된다.
* 좋은 점을 본 받으려고 노력하게 된다.

〉〉 소그룹 성경공부를 통해서 영적으로 어떤 성장을 가져왔는가?

2 다른 지체를 이해하게 된다.

* 다른 지체들의 연약함을 보며 공감하고 이해하게 된다.
* 다른 사람을 이해하므로 관계를 발전시킬 수 있다.
* 다른 지체의 약점을 아파하고 기도해 주므로 지체의식을 가지게 된다.

〉〉 **지체를 대하는 태도가 어떻게 바뀌었나?**

3 솔직해진다.

* 소그룹이라는 환경 속에 있다 보면 자신을 위장할 수 없다.
* 말씀 앞에서 드러나는 자신의 부족함을 인정하고 노력하게 된다.
* 서로를 더 깊이 안다는 것만으로도 지체의식이 더해진다.

〉〉 **소그룹 모임이 자신을 어느 정도로 솔직한 자가 되도록 했는지 말해 보라.**

4 내면의 상처까지 해결을 받게 된다.

* 말씀 앞에서 내면의 문제를 오픈하므로 마음깊이 자리잡은 상처까지 해결을 받게 된다.
* 말씀을 통해서 각자의 문제를 맞춤식으로 해결 받을 수 있는 장점이 있다.
* 억눌린 감정이나 상처가 말씀을 통해 치료됨으로 건강한 정신을 소유하게 된다.

〉〉 **내면의 상처를 해결 받은 경험이 있으면 말해 보라.**

3 소그룹 인도자와 담임목사와의 관계에 대해서 디모데후서 2장 2절을 통해서 살펴보자.

> 『또 네가 많은 증인 앞에서 내게 들은 바를 충성된 사람들에게 부탁하라 그들이 또 다른 사람들을 가르칠 수 있으리라』

1 바울은 디모데에게 자신에게 배운 바를 충성된 사람들에게 가르치라고 했다. 그 이유는 무엇일까?

* 충성된 사람이 다른 사람을 가르칠 수 있다. 충성된 자란 신뢰할 수 있는 자라는 뜻이다.
* 소그룹 인도자는 담임목사로부터 말씀을 배우고 부탁을 받은 충성된 자라고 할 수 있다.
* 충성된 사람을 가르치는 자로 세울 때 또 다른 사람을 가르칠 수 있다.

2 소그룹 인도자는 담임목사로부터 말씀의 가르침을 받고 목회 철학을 이해한 후에 가르쳐야 한다. 그 이유가 무엇이라고 생각하나?

* 디모데는 바울에게 배운 바를 충성된 사람들에게 가르쳤고, 그들이 또 다른 사람들에게 가르쳐야 했다. 이것은 자기 생각이나 경험을 가르친 것이 아니라는 것이다.
* 자기 생각이나 경험을 가르치면 교회는 건강한 공동체가 될 수 없다.

〉〉 **담임목사의 가르침과 목회철학에 따라 소그룹을 잘 인도하기 위해서 어떤 노력을 해야 한다고 생각하는가?**

4 소그룹 성경공부 인도자가 가르치기 전에 준비해야 할 것이 무엇인가?

1 사도행전 18장 26~27절

『[26]그가 회당에서 담대히 말하기 시작하거늘 브리스길라와 아굴라가 듣고 데려다가 하나님의 도를 더 정확하게 풀어 이르더라 [27]아볼로가 아가야로 건너가고자 함으로 형제들이 그를 격려하며 제자들에게 편지를 써 영접하라 하였더니 그가 가매 은혜로 말미암아 믿은 자들에게 많은 유익을 주니』

〉〉 **내용을 먼저 이해하고 쉽게 말해 보라.**

* 아볼로는 구약성경에 대해서는 잘 알고 있었지만 예수님에 대해서는 잘 몰랐기 때문에 브리스길라와 아굴라로부터 복음의 내용을 자세히 배우고, 아가야 지방에서 믿는 자들에게 많은 도움을 주었다.

* 아볼로는 이미 구약성경에 대해서 잘 알고 있었지만, 배움의 열정으로 복음에 대해서 바로 알게 되었다.

〉〉 배움에 대한 열정이 얼마나 있다고 생각하는가?

> 오늘날 교사들도 얼마만큼 준비를 잘하느냐에 따라 확실함과 확신을 가지고 가르칠 수 있다. - 로이 B 주크 (예수님의 티칭 스타일 P97)

2 마가복음 1장 35-38절

『[35]새벽 아직도 밝기 전에 예수께서 일어나 나가 한적한 곳으로 가사 거기서 기도하시더니 [36]시몬과 및 그와 함께 있는 자들이 예수의 뒤를 따라가 [37]만나서 이르되 모든 사람이 주를 찾나이다 [38]이르시되 우리가 다른 가까운 마을들로 가자 거기서도 전도하리니 내가 이를 위하여 왔노라 하시고』

* 예수님은 사역을 앞두고 기도하셨다. 기도에 우선순위를 두셨다.
* 예수님은 새벽에 한적한 곳에서 기도하시므로 사역을 준비하셨다.
* 기도하시고, 가르치시고, 전도하셨다.

〉〉 예수님의 모습에서 배울 점을 말해 보라.

3 시편 119편 99-100절

『[99]내가 주의 증거들을 늘 읊조리므로 나의 명철함이 나의 모든 스승보다 나으며 [100]주의 법도들을 지키므로 나의 명철함이 노인보다 나으니이다』

* 공부할 말씀을 미리 묵상하면 잘 가르칠 수 있는 지혜를 얻게 된다.
* 말씀을 묵상하는 사람은 많은 지식을 가진 스승보다 낫고, 세상을 많이 살아 경험이 많은 노인보다 더 낫다.

>> 말씀 묵상을 통해 얻는 유익에 대해서 말해 보라.

5 소그룹 인도자가 말씀을 가르칠 때 가져야 할 자세에 대해 고린도전서 4장 15절을 통해서 살펴보자.

『그리스도 안에서 일만 스승이 있으되 아버지는 많지 아니하니 그리스도 예수 안에서 내가 복음으로써 너희를 낳았음이라』

* 바울이 고린도교회에게 '아버지'라는 표현을 사용한 것은 바울이 그들을 직접 전도하고 양육했기 때문이다. 그는 단순히 가르치는 스승이 아닌 아버지의 마음을 가졌다.
* 바울이 많은 영혼들에게 복음을 전하여 주님의 제자로 세울 수 있었던 것은 아버지의 마음을 가졌기 때문이다.

>> 자녀를 향한 아버지의 마음을 생각나는 대로 이야기 해보라.

* 아버지는 사랑의 마음으로 자녀를 끝까지 책임지려는 자세를 가진다.
* 부모는 자녀를 위해서 아낌없이 준다.
* 부모는 자녀를 위해서 기꺼이 희생한다.

6 예수님이 왜 좋은 교사이며 좋은 지도자인지 성경을 통해서 살펴보자.

1 누가복음 22장 27절

『앉아서 먹는 자가 크냐 섬기는 자가 크냐 앉아서 먹는 자가 아니냐 그러나 나는 섬기는 자로 너희 중에 있노라』

* 예수님은 겸손하셨다.
* 섬김의 자세로 모범을 보여주셨다.
* 겸손한 사람이 좋은 지도자이다.
* 자기 스스로 높이는 사람은 존경을 받을 수 없다.

> 가르침은 섬김의 기술로서, 다른 이들을 자신에게가 아니라 겸손히 그리스도와 그분의 말씀으로 인도하는 과정이다.
> - 로이 B 주크 (예수님의 티칭 스타일 P98)

2 마태복음 16장 12절

『그제서야 제자들이 떡의 누룩이 아니요 바리새인과 사두개인들의 교훈을 삼가라고 말씀하신 줄을 깨달으니라』

* 예수님은 깨달을 수 있도록 쉽게 말씀해 주셨다.
* 제자들이 잘 이해하도록 좋은 방법을 택하셨다.

〉〉 예수님의 가르침의 방법을 보면서 배울 점이 무엇인가?

7 오늘 공부를 통해서 느낀 점과 결단한 것을 말해 보라.

◆ **성구암송**   시편 119편 99-100절, 고린도전서 4장 15절
◆ **큐　　티**   여호수아 4장 1-24절
◆ **독서과제**
◆ **생활과제**
◆ **성경읽기**

19과
소그룹 인도법(1)

서론

예수님은 적절한 질문을 통해서 사람들을 진리 가운데로 인도하셨다. 예수님은 질문을 통해서 각자의 문제를 발견하도록 하셨고, 예수님이 하고자 하시는 뜻을 전하시고, 가르침의 내용을 강조해서 설명하셨다. 예수님의 질문과 대화를 통해서 많은 사람들이 구원의 진리를 받아들였다. 소그룹 인도법을 함께 공부하도록 하자.

적용할 말씀

1 디모데후서 3장 16~17절이 주는 교훈을 통해 소그룹 인도자에게 가장 중요한 것이 무엇인지 살펴보자.

> 『[16]모든 성경은 하나님의 감동으로 된 것으로 교훈과 책망과 바르게 함과 의로 교육하기에 유익하니 [17]이는 하나님의 사람으로 온전하게 하며 모든 선한 일을 행할 능력을 갖추게 하려 함이라』

1 성경의 원저자는 누구인가?

* 성경은 하나님의 감동으로 기록되었다. 그러므로 성경의 원저자는 하나님이시다.
* 가장 좋은 소그룹 인도자는 하나님의 말씀인 성경을 바로 아는 사람이다.

2 성경이 주는 유익과 능력을 살펴보고 느낀점을 말해보라.

* 하나님의 감동으로 기록된 성경은 우리를 가르치고 책망하신다. 또한 바른 길로 인도해 주시고 더 나은 사람으로 성장하게 하신다.
* 하나님의 말씀을 통해서 온전한 인격으로 세워지고, 선한 일을 행할 능력을 갖춘 사람으로 자라게 된다.

〉〉 **하나님의 말씀을 통해서 책망을 받거나 옳은 길로 돌아선 경험을 각자 한 가지씩 말해 보라.**

2 성경을 대하는 자세는 어떠해야 하는지 시편 119편 33-34절을 통해서 살펴보자.

> 『[33]여호와여 주의 율례들의 도를 내게 가르치소서 내가 끝까지 지키리이다 [34]나로 하여금 깨닫게 하여 주소서 내가 주의 법을 준행하며 전심으로 지키리이다』

* 가르침을 받고자 하는 간절한 자세를 가져야 한다.
* 깨닫기를 사모하는 자세를 가져야 한다.
* 마음을 다해서 지켜 행해야 한다.

>> **성경을 대하는 자신의 태도에서 고쳐야 할 점이 있다면 무엇인가?**

3 연역법과 귀납법에 대해서 아는 대로 말해 보라.

1 연역법

① 이미 알고 있는 일반적인 원리(근거)로부터 구체적 사실(결론)로 추리해 나아간다.
② 이미 알고 있는 내용을 확인하려는 자세.
③ 일반적인 통념을 바탕으로 예를 찾아 결론에 도달한다.
④ 연역법은 한마디로 전체에서 부분에 도달한다.
　(환자들은 일반적인 상식으로 미리 자신의 병명을 정해놓고 의사에게 확인하려고 한다.)

예1)	예2)
모든 동물은 죽는다.	모든 사람은 죽는다.
코끼리는 동물이다.	아브라함은 사람이다.
그러므로 코끼리는 죽는다.	그러므로 아브라함은 죽는다.

2 귀납법

① 구체적 사실(결론)에서 일반적인 원리(근거)로 나아간다.
② 읽어보고 알아야겠다는 자세.
③ 기초적인 사실에서 시작해서 결론에 이른다.
④ 예시나 작은 경우들을 수집해서 일반적인 사실을 도출하는 과정이다.
⑤ 관찰하고 분석해서 일반적인 사실에 대해 정의를 내린다.
　(의사들은 여러 증상을 살핀 후 병명에 대한 진단을 하고 치료한다.)

예1)	예2)
코끼리가 죽었다.	아브라함은 죽었다.
코끼리는 동물이다.	아브라함은 사람이다.
그러므로 모든 동물은 죽는다.	그러므로 모든 사람은 죽는다.

(참고) 결론은 구체적인 사실을 가리키고, 근거는 일반적인 원리라는 것을 알 수 있다.

4 귀납적인 방법으로 성경을 보는 방법에 대해서 살펴보자.

1 관찰

* 본문에서 말하고자 하는 의도가 무엇인지, 중심주제가 무엇인지 살피는 것을 말한다.

❶ 베드로전서 2장 2절이 주는 교훈을 살펴보자.

『갓난 아기들 같이 순전하고 신령한 젖을 사모하라 이는 그로 말미암아 너희로 구원에 이르도록 자라게 하려 함이라』

* 사모하는 자세를 가져야 한다.

〉〉 갓난 아이가 젖을 사모하는 모습이 어느 정도인지 말해 보라.

〉〉 성경을 볼 때 어떤 자세를 가지는가?

❷ 관찰하는 방법에 대해서 알아보자.

* 본문의 전후 문맥을 살펴서 전체적인 내용을 이해한다.
* 본문의 내용이 너무 많으면, 단락별로 나누어 이해하도록 한다.
* 본문에서 강조하는 내용이 무엇인지 살핀다.(반복해서 사용되는 단어에 주의하여 본다.)
* 설화체 본문의 경우 육하원칙에 의해 결과에 도달하도록 한다.

참 고

설 화 체 - 이야기체로 쓰여진 내용.
육하원칙 - 언제, 어디서, 누가, 무엇을, 어떻게, 왜
언　제 : 사건이 일어난 시기와 시기의 의미?
어 디 서 : 사건이 발생한 장소에서 의미하는 바는?
누　가 : 등장 인물은 누구인가?
무 엇 을 : 중심 사건과 사건이 의미하는 바는?
어 떻 게 : 사건은 어떻게 진행되는가?
왜 : 사건이 일어난 원인은?
결　과 : 등장인물로 인한 사건의 결과는?

2 해석

* 본문이 가르치는 것을 이해하고 무엇을 가르치는지 핵심적인 의미를 찾아야 한다.

❶ 해석할 때의 자세에 대해 요한복음 14장 26절을 통해서 살펴보자.

『보혜사 곧 아버지께서 내 이름으로 보내실 성령 그가 너희에게 모든 것을 가르치고 내가 너희에게 말한 모든 것을 생각나게 하리라』

* 성령의 인도함을 받으려는 자세가 필요하다.
* 성령께서 내 안에 거하시기에 성령을 의지할 때 성령께서 가르쳐 주신다.

〉〉 **성경을 해석하기 전에 기도하며 성령님의 도우심을 구하는가?**

❷ 성경 해석 원리에 대해서 알아보자.
① 성경 전체 내용과 전후 문맥의 의미에서 벗어나지 않아야 한다.
② 성경에서 저자의 뜻을 찾는다.

* 성경이 기록된 당시의 배경을 참고한다.
* 상상에 의한 해석이나 우화적인 해석을 해서는 안 된다.
 (우회적 해석은 문자나 명백한 사실 이면에 다른 뜻이 있다고 믿는다.)
* 해석하기 어려운 내용이나 구절은 명료한 성경구절을 통해서 그 뜻을 찾아야 한다.

③ 성경 해석에 도움이 되는 자료를 이용하면 도움이 된다.
* 성구사전, 관주성경, 성경사전, 다른 번역성경, 건전한 신학자들이 쓴 주석, 성경지도 등.

3 적용

❶ 관찰과 해석 못지않게 중요한 것이 적용이다. 어떻게 적용해야 할 것인가?

① 구체적으로 적용해야 한다.
② 나 자신에게 적용해야 한다.
③ 실현 가능한 것을 적용해야 한다.
 (범위를 너무 크게 잡거나 애매모호한 것은 피해야 한다.)

* 나 개인의 적용이 내가 속한 공동체(가정·교회·직장·국가)에 영향을 끼친다.

❷ 적용할 구체적인 내용은 무엇인가?

① 나의 어떤 죄를 지적하고 있는가?(버려야 할 죄가 무엇인가?)
② 내가 본 받아야 할 점은 무엇인가?(성경에 나오는 인물을 통해서 배울 수 있다.)
③ 내가 구체적으로 순종해야 할 것은 무엇인가?
④ 나를 격려하는 말씀, 내가 붙잡아야 할 말씀은 무엇인가?
⑤ 내가 해야 할 기도는 어떤 것인가?

5 말씀을 적용하므로 누리는 은혜에 대해 아래 성경을 통해서 살펴보자.

1 시편 119편 35절

『나로 하여금 주의 계명들의 길로 행하게 하소서 내가 이를 즐거워함이니이다』

* 주의 명령대로 행하는 것을 즐거워해야 할 이유는 그 길에서 기쁨을 발견하기 때문이다.

〉〉 행함으로 인해 얻은 기쁨을 잠시 나누자.

2 마태복음 7장 24-25절

『[24]그러므로 누구든지 나의 이 말을 듣고 행하는 자는 그 집을 반석 위에 지은 지혜로운 사람 같으리니 [25]비가 내리고 창수가 나고 바람이 불어 그 집에 부딪치되 무너지지 아니 하나니 이는 주추를 반석 위에 놓은 까닭이요』

* 말씀을 적용하는 삶은 가장 지혜로운 삶으로 반석 위에 집을 짓는 것과 같다.
* 말씀을 적용하며 살아갈 때, 흔들림이 없는 굳건한 신앙을 가지게 된다.

6 오늘 공부를 통해서 느낀 점과 결단한 것을 말해 보라.

◆ **성구암송**   시편 119편 35절, 베드로전서 2장 2절
◆ **큐   티**   사도행전 19장 8-10절
◆ **독서과제**   성품은 말보다 더 크게 말한다 (앤디 스탠리, 디모데)
◆ **생활과제**
◆ **성경읽기**

20과
소그룹 인도법(2)

서론

질문은 귀납적인 성경공부의 열쇠라고 할 수 있다. 그것은 관찰과 해석을 더 명확하게 해 주고 구체적인 적용까지 이끌어 주는 역할을 해 주기 때문이다. 질문은 흥미와 호기심을 불러 일으키고 답변을 통해서 자신의 문제를 발견하고 해결할 수 있는 길을 깨닫게 한다. 예수님은 질문을 통해서 생각하게 하시고 영혼을 일깨워 주셨다. 복음서에는 예수님의 질문이 304번이나 기록되어 있다. 예수님은 열두 살 때에 예루살렘 성전에서 율법 교사들과 듣기도 하고 묻기도 하셨다. 이처럼 예수님의 교육 방법 중에 질문은 중요한 위치를 차지하고 있다.

적용할 말씀

1 마태복음 8장 5-10절을 통해서 소그룹 인도자가 배워야 할 자세가 무엇인지 살펴보자.

> 『[5]예수께서 가버나움에 들어가시니 한 백부장이 나아와 간구하여 [6]이르되 주여 내 하인이 중풍병으로 집에 누워 몹시 괴로워하나이다 [7]이르시되 내가 가서 고쳐 주리라 [8]백부장이 대답하여 이르되 주여 내 집에 들어오심을 나는 감당하지 못하겠사오니 다만 말씀으로만 하옵소서 그러면 내 하인이 낫겠사옵나이다 [9]나도 남의 수하에 있는 사람이요 내 아래에도 군사가 있으니 이더러 가라 하면 가고 저더러 오라 하면 오고 내 종더러 이것을 하라 하면 하나이다 [10]예수께서 들으시고 놀랍게 여겨 따르는 자들에게 이르시되 내가 진실로 너희에게 이르노니 이스라엘 중 아무에게서도 이만한 믿음을 보지 못하였노라』

1 예수님과 백부장의 대화에서 발견할 수 있는 예수님의 자세에 대해서 말해 보라.

* 예수님은 백부장의 말을 경청하신 후에 말씀하신다.
* 경청해야 상대방을 잘 알 수 있고, 이해하게 된다.

2 예수님의 자세에서 배울 점은 무엇인가?

* 백부장의 말을 잘 들어 주신다.
* 백부장의 아픔을 함께 공감하고 계신다.(직접 가서 고쳐 주겠다고 하신다.)
* 백부장의 믿음을 칭찬하고 계신다.(말씀을 믿고 신뢰하는 믿음에 대해)
* 사람들에게 영적인 교훈을 주고 계신다.

〉〉 경청하지 않고 급하게 말하는 습관 때문에 실수한 경험이 있으면 말해 보라.

> **참고** 어떻게 경청하면 좋은가?
> ① 시선을 마주치라. ② 감정까지 공감하라. ③ 말이 끝날 때까지 기다리라.

3 야고보서 1장 19절이 주는 교훈은 무엇인가?

『내 사랑하는 형제들아 너희가 알지니 사람마다 듣기는 속히 하고 말하기는 더디 하며 성내기도 더디 하라』

〉〉 **말을 많이 하는 편은 아닌지 각자의 모습을 말해 보라.**

2 아래 성경을 통해서 예수님의 질문을 살펴보자.

1 요한복음 4장 7절

『사마리아 여자 한 사람이 물을 길으러 왔으매 예수께서 물을 좀 달라 하시니』

* '물을 좀 달라' 하신 것은 '물 좀 줄 수 있겠니?'라며 다가가신 것이다.
* 사마리아 여자와 대화를 시작하기 위해서 질문을 하셨다.
* 예수님은 이 질문을 시작으로 사마리아 여자의 문제를 해결해 주셨다.

2 마태복음 6장 27절

『너희 중에 누가 염려함으로 그 키를 한 자라도 더할 수 있겠느냐』

* 진리를 깨닫고 경각심을 갖게 하기 위해서 질문하셨다.
* '걱정한다고 키를 더할 수 있는 사람은 없다'라고 말하는 것보다 질문법을 쓸 때 훨씬 더 강력하게 전달된다.

3 마태복음 16장 15-17절

『[15]이르시되 너희는 나를 누구라 하느냐 [16]시몬 베드로가 대답하여 이르되 주는 그리스도시요 살아 계신 하나님의 아들이시니이다 [17]예수께서 대답하여 이르시되 바요나 시몬아 네가 복이 있도다 이를 네게 알게 한 이는 혈육이 아니요 하늘에 계신 내 아버지시니라』

* 믿음을 확인하기 위해서 질문하셨다.
* 질문을 통해서 믿음의 상태를 알 수 있다.

4 마태복음 20장 30-32절

『[30]맹인 두 사람이 길 가에 앉았다가 예수께서 지나가신다 함을 듣고 소리 질러 이르되 주여 우리를 불쌍히 여기소서 다윗의 자손이여 하니 [31]무리가 꾸짖어 잠잠하라 하되 더욱 소리 질러 이르되 주여 우리를 불쌍히 여기소서 다윗의 자손이여 하는지라 [32]예수께서 머물러 서서 그들을 불러 이르시되 너희에게 무엇을 하여 주기를 원하느냐』

* 질문으로 상대방의 요구를 확인하셨다.
* 질문을 통해서 원하는 바를 파악할 수 있다.

5 마가복음 3장 33, 35절

『[33]대답하시되 누가 내 어머니이며 동생들이냐 하시고 [35]누구든지 하나님의 뜻대로 행하는 자가 내 형제요 자매요 어머니이니라』

* 말씀의 의미를 더욱 분명하게 깨닫게 하기 위해서 질문하셨다.
* 질문을 통해서 생각이나 사고를 더 깊이 할 수 있게 한다.

3 귀납적인 성경공부에서 질문법에 대해서 살펴보자.

1 관찰 질문을 어떻게 해야 하나?

* 성경이 말씀하고 있는 바가 무엇인가를 질문한다.
* 본문 말씀의 배경을 알고 있는지, 단락이 의미하는 바를 알고 있는지 질문해야 한다.

> 예수님의 질문은 매우 힘있는 도구였다. 예수님께서 가르치실 때 사용한 무기는 듣는 이들의 마음과 정신을 파고드는 예리한 갖가지 종류의 질문들이었다.   - 로이 B 주크

* 소그룹에서 관찰 질문은 각자 깨달은 것을 서로 보완한다.

2 해석 질문은 어떻게 해야 하나?

* 질문을 통해서 단어와 구절의 의미를 파악하도록 해 주어야 한다.
* 소그룹 인도자는 각자의 대답을 듣고, 말씀의 의미를 분명히 알도록 도와야 한다.

3 적용 질문을 어떻게 해야 하나?

* 적용 질문의 목적은 배운 내용을 삶 가운데 적용할 수 있도록 돕는 데 있다.
* 무엇을 언제 어떻게 실천할 것인지 적용하도록 한다.
* 지식을 위한 성경공부로 그치지 않고, 삶이 구체적으로 변화하도록 도와야 한다.
* 적용 질문은 한 단락이 끝날 때마다 하는 것이 좋다.

4 질문은 어떤 역할을 하나?

① 본문에 대한 이해와 결과를 평가하는 데 도움을 준다.
② 말씀에 대해서 생각하도록 자극을 준다.
③ 자신의 문제에 대해서 개인적인 응답을 받아낼 수 있다.
④ 인도자가 혼자 말하는 것을 방지한다.
⑤ 각자가 스스로 깨닫도록 해 준다.

5 어떤 질문을 좋은 질문이라고 할 수 있나?

① 본문과 연관성이 있어야 한다.
② 질문 내용이 명료해야 한다.
③ 토론에 자극을 줄 수 있어야 한다.

6 질문의 종류에 대해서 살펴보자.

1 개방형 질문(열린 질문)

* 질문에 대해서 다양한 답변이 나오도록 하는 것이다.
  예) "이번 한 주간 사랑을 실천하며 경험한 것이 있습니까?"
* 개방형 질문은 그 사람의 생각을 끌어낼 수 있기에 자연스러운 토론이 이어진다.
* 서로의 생각을 나눌 수 있어서 공감대를 형성할 수 있다.

2 폐쇄형 질문 (닫힌 질문)

* '예', '아니오'로 답변이 가능한 경우와 단답형으로 대답이 가능한 경우를 들 수 있다.
  예) "자매님 주일 예배 불참하셨네요? 자매님은 주일을 지키는 것이 좋다고 생각합니까?" / "예."
* 폐쇄형 질문은 계속해서 대화를 이을 새로운 주제를 만들어내지 못한다.

3 필요에 따라서 간접 질문을 사용하라.

* 성경 본문은 무엇이라고 말하고 있는지 질문하는 것이다.

예) 요셉은 이 문제에 대해서 무엇이라고 말합니까?

7 피해야 할 질문은 어떤 것들이 있을지 말해 보자.

① 한 번에 여러 가지 질문을 하는 것
② 혼란을 주는 질문
③ 도무지 이해할 수 없는 어려운 질문
④ 시험 문제처럼 지식을 시험하는 질문
⑤ 감정적인 질문
⑥ 상대가 받아들이기 어려운 수준의 질문(영적인 상태에 맞지 않는 질문)
⑦ 논쟁이 될 질문
⑧ 답이 뻔한 질문

> 좋은 지도자는 좋은 대답을 가지고 있는 사람이 아니라 좋은 질문을 가지고 있는 사람이다. - 하워드 헨드릭슨

8 질문을 준비할 때 염두에 두어야 할 점들을 말해 보자.

① 그 과가 제시하는 주제에 맞추어 질문을 만들어야 한다.
② 관찰, 해석, 적용의 중요한 질문을 미리 만들어야 한다.
③ 내용에 따라 다양한 질문을 만들어야 한다.
④ 개방형으로 질문해야 한 사람 이상이 대답할 수 있다.
⑤ 질문에 대한 반응도 미리 예상해야 한다.
⑥ 실제적인 적용을 끌어내는 질문을 해야 한다.

9 오늘 공부를 통해서 느낀 점과 결단한 것을 말해 보라.

◆ **성구암송**　시편 119편 33-34절
◆ **큐　　티**　시편 78편 1-8절
◆ **독서과제**
◆ **생활과제**
◆ **성경읽기**